さらば、ベイルート

ジョスリーンは何と闘ったのか

四方田犬彦

河出書房新社

目次

à Nicole

さらば、ベイルート

ジョスリーンは何と闘ったのか

カバー写真　一九八二年八月、ベイルートから撤退するPLOとアラファト議長を撮影中のジョスリーン・サアブ。

装幀　佐々木暁

ジョスリーン

プロローグ

ジョスリーンは死に瀕していた。
毎週、月曜日も朝七時になると車がアパルトマンの下に音もなく停まり、エレヴェイターを降りてきた彼女を音もなく病院へ連れ去っていくのだった。それに水曜日。金曜日。いつも判で押したように同じ時刻だった。隣室で眠っている僕は、そのたびに微《かす》かな気配を感じた。誰かがやって来て、ものいわず控えの間で待っている。ジョスリーンがいくつもの玄関の鍵の音を立てている気配がするのだが、その姿を見たことはない。いずれにせよ、彼女はできるだけ物音を立てず、幽霊であるかのようにそっとアパルトマンを出ていくのだった。

パリの冬はいつまでも昏《くら》い。少し先のカルチェ・ラタンでは、ほとんど永遠に続くかのような大騒ぎの陰で、路上に散らかった塵埃《じんあい》を蒐集《しゅうしゅう》する車が何台も出ている。歩いている者はいない。朝市の天幕はまだ立てられておらず、薄暗いサン＝ジェルマン大通りを走っている車はまだ数えるばかりだ。

五時間に及ぶ人工透析。医師との意見の食い違い。新しい血液を軀《からだ》に注ぎ込まれていることへの安堵感。ふたたび車に乗せられる。車窓から見えるセーヌ河。帰宅すると、もうそれだけですっかり疲労困憊《こんぱい》してしまう。一日が終わったみたいだ。食卓の上にあらかじめ置いておいた古パンとチーズの簡単な昼食。それからぐったりとして、服も靴も脱がないで眠ってしまうこともあった。毛布に軀を包みながら、弱々しい声で誰かと長電話していることもあった。もう昼だ。僕が紅茶をもっていくと、彼女は掠《かす》れた声で「メルシ」といい、カップをゆっくりと口元へと運ぶ。新しい血がたくさん手に入ったのだから、これからは頑張って仕事を進めなくちゃ。だがそういった直後、彼女はまたしても寝台のなかに潜り込んでしまう。

ときおり訪問客がチャイムを押す。かつてのドキュメンタリー仲間であったり、ヴェトナム人の古美術研究家とエッセイストの双子だったり、自分の文章に彼女の絵を使用させてほしいと頼みに来る老人だったり。夕方になると下宿している二人の女子大生が戻ってくる。ひとりはひどく内気なフランクフルト娘で、自分の部屋に戻ってしまうともう朝まで出てこない。もうひとりは上海から来た、元気いっぱいの力持ちで、ときおりトルビアック街の中華スーパーから冷凍水餃子の業務用の大袋を運んできて、ほら、ジョスリーン、ラヴィオリ買ってきたからしばらくは大丈夫だよといい、冷凍蔵に押し込んでおく。

ジョスリーンは死に瀕していた。

わたしの人生は砂のように両の掌から零《こぼ》れ落ちてゆくのよ。彼女はいった。

こんなことがいつまで続くのだろう。毎日毎日、いくら補給しても間に合わない。わたしの本来の血はいったいどこへ消えて行ってしまうのか。軀のどこかにわたしを支えてきた底というものがあったはずなのに、いつの間にかその底が抜けてしまったのよ……。

彼女は語る。

車は人気《ひとけ》のないサン＝ジェルマン大通りを抜け、古い城門と森を越え、アメリカンスタイルの病院の前で停まる。研究室のわきの広々とした空間には、若い医者見習いが何人も立っている。看護師がジョスリーンをまるで中国の骨董の壺であるかのように、恭《うやうや》しく運ぶ。寝台に横にさせられると、三人の黒人女性がわたしの上に屈みこみ、胸骨の間に針を差し込む。まるで祖先の厳粛な儀礼に立ち会っているかのようだ。わたしの干上がった湖。枯木のように生気を失い、肉の重みに耐えかねて歪み、罅《ひび》割れて、まさに崩れかかっているかのような脊髄。肋骨と骨髄の間の、ほんのわずかの隙間に落とされた針が、わずかな骨髄の一片を標本として採集する。それは金塊護送車が金塊を運ぶかのように、後生大事に大病院へと運ばれ、わたしにはわからない最新医学の症候例として保存されることになるだろう。その代わりにわたしには血液が流し込まれる。知らない場所での、知らない人による大量の血液。

彼女は語る、虚無にむかって。

最初はイスタンブールだった。朝食の後、展覧会場の階段を上ろうとして、昨日まで平気でできていたことができなくなっていた。その日は一日中、身体がだるく、何もする気が起きなかった。あまりに疲労が激しいので予定を変更し、パリに引き返して精密検査を受けた。

彼女は僕に語る。

二週間後、彼女は病院の医師から骨髄腫を宣告された。造血幹細胞に著しい異常が見られます。骨髄に発生した癌が腎臓を冒し、血液の正常な循環を妨げています。造血ができなくなると貧血が恒常的に起き、感染症に罹《かか》りやすくなります。免疫機能だって低下するので、肺病には注意しなければなりません。症状が長く続くと、破骨細胞というものが出現し、脊柱を溶かしたり、背骨を変形させることも考えられます。造血幹細胞を移植し、安静にしているのが一番ですが、今のところ、決定的な対策というものはありません。

病院の医師たちには、わたしが世界中を移動しながら生きているという事実が理解できていない。ジョスリーンはいつも医師たちと争い、始終病院を変えた。カーボベルデ、マルチニック、イスタンブール、カイロ、ロンドン、ベイルート……わたしはいつだって動いている。作品の上映に、写真とインスタレーションの展示に、わたしはこれからだってどこにでも移動する。わたしはいつも変化している。大病院の奥に鎮座して、もう人生のなかで移動することをとうに止めてしまった医師たちに、つねに場所を変えて生きているわたしを治療することはできない。

あるとき黒人女性のひとりが肺から充分に水を吸い取ることを忘れてしまったため、彼女は午後、胸を切り裂かれるような苦しみを味わわされた。点滴の途中で看護師の無理解に立腹し、作業半ばにして器具を引き千切り、そのままタクシーに乗って帰宅してきたこともあった。いったいこんな滅茶を続けて大丈夫なのだろうか。僕は日に日に焦燥感に追い詰められていく彼女を間近で眺めていた。

ジョスリーンは死に瀕していた。

わたしの人生は砂のように両の掌から零れ落ちてゆくのよ。彼女は僕に語った。

I

僕は長く勤めた大学を退職し、パリに滞在していた。もう日本の無気力な大学生を前に講義をしたり、大学行政の雑事に煩わされたりしなくともよいと思うと、心は解放された気分だった。パリはいつだって大きな心の慰めだった。いつでもそうだった。地下鉄の匂い。書店の周りのカフェの賑わい。石畳の狭い通りの両脇に並んでいる商店街。小さな映画館。街路樹の諧調《かいちょう》。古書店の店頭に飾られている版画。

僕は長い間音信不通だったフランスの友人たちに連絡をとり、彼らと再会した。彼らは日本漫画の大コレクターとして展覧会を開いたり、日本文学研究の世界で確固たる地位を築いていた。よく髪を切ってもらいに行ったラオス人の散髪屋を訪れると、女主人はまだ僕のことを記憶していた。僕は人生の残酷さを忘れた。時間の往来は、僕がこれまで別の都市で体験してきたような、退屈で冷酷なものではなかった。かつて足を運んだ路地や市場、人気のない運河の脇といった場所を歩くたびに、僕は予期もしていなかった幸福感に、突然見舞われるのだった。

もっともこんな風に書くと気楽な遊び人のように思われるから、一応は公式的なことを書いておいた方がいいのかもしれない。シネマテック・フランセーズ。アラブ世界研究所（ＩＭＡ）。日本文化会館。ほかにもいくつかの場所で日本映画関係の企画が進行していて、僕はそこで講演をしたり、上映後のシンポジウムで発言をすることになっていた。

そのたびごとに日本から出かけていくのも面倒臭い。いっそのこと半年かそこら、じっと滞在してみたらどうだろう。そう考えた僕は、パリ第七大学での学会発表が終わると、映像関係の研究組織にそのまま客員研究員という資格で居残ることを決めた。客員教授になってしまえば講義とか学生の成績付けだとか、さまざまな義務が発生する。それでは日本にいた時と同じだ。研究員であれば、報酬がないかわりにさしたる義務があるわけではなく、ときどき頼まれて大学院生相手に論文の相談に乗ってやる程度のことをしていればいい。そういうのを人生の日曜日というのですよ。僕を迎え入れてくれた研究室の助手が教えてくれた。なかなか洒落た言葉だなあと感心していると、ひと昔前に書かれた、有名な小説の題名らしいと後でわかった。レーモン・クノーだ。

ヘミングウェイが『移動祝祭日』のなかで、人は若い頃に知ったパリを一生背負いながら生きていくものだというようなことを書いている。そうかもしれない。僕は学生時代からパリが好きだった。真面目に勉強に行ったのはイタリアの小さな町だったが、パリは（そう、無名時代のホー・チ・ミンの言葉を借りるならば）「生きる歓《よろこ》び」だった。何か月も長く滞在したこともあったし、モロッコやブラジルから帰国する途中で、ちょっと一休みという感じで立ち寄ることもあった。アフリカに向かう時にはかならずパリで呼吸を整えて、というのが習慣だった。この町で自分の過去と再会できるのかと思うと懐かしい気持ちになったし、かつて足を運んだラ・パゴドやダンフェール・シネマの前を通ると、何十年も前の時間の内側にもう一度参入できるような気がした。とはいえノスタルジアを超えて、パリはつねに新しいもの、未知なるものを僕の前に差し出してくれるのだった。近代の都市計画に関心をもって街角を散策すれば、ちゃんとそれに応じてくれるし、映画や美術に興味があれば、かならずどこかの美術館が大規模な回顧展を開いて、僕に驚異を与えてくれた。

　パリの魅力はフランス文化にあるだけではなかった。アフリカと中近東がすぐ間近に控えている。音楽から舞踏、料理、政治的示威活動まで、日本ではまず接することの難しい彼らの文化が、街角のいたるところに露呈している。以前、灼熱のテルアヴィヴの大学で半年教鞭を執った後に、パリに立ち寄ったことがあった。この時には鉄条網と検問所に満ちた国家からようやく脱出できたこともあって、パリ中が光り輝いているように見えたものだ。ここではアラブ人が誰何《すいか》されることも銃を突きつけられることもなく、大手を振って歩いていた。アラブ世界研究所のギフトショップを訪れると、イスラエルでは入手できないパレスチナの流行歌が平然と流れており、シオニズム国家が隠蔽する国内の政治事件をめぐって、重要なドキュメンタリー資料が、ディスカウント・コーナーに平積みにされていた。こうして僕が足を向けるたびに、パリはつねに予期せざるもの、これまでの人生からはまったく想像もできなかったものを僕に差し出してくれるのだった。僕はこの快い逸脱を愛していた。

今回の僕の滞在は贅沢をする余裕こそなかったが、ひとつだけ奇妙な幸運に恵まれていた。カルチェ・ラタンのセーヌ河岸、つまり盛り場のど真ん中のすぐ裏にある、ケ・サン＝ミシェルにアパルトマンを借りることができたことである。フランスの友人たちは驚き呆れた。よくもまあそんな騒然とした、観光客だらけの場所に住む決心をしたものだなあ。彼らは挙《こぞ》って信じられない表情を見せた。確かに住むには常軌を逸した場所だ。けれども住み始めたばかりの僕には、地下鉄を使わなくともほとんどの美術館や映画館に行くことができるなんて、なんと便利なことだろうというほどの考えしかなかった。

　アパルトマンは思う存分に老朽化していた。現在では珍しいだろうが、エレヴェイターが備わっていない。入口のところで木製の階段があちらこちらに分岐して延びていて、館全体を薄暗い迷路のように見せかけている。今にも底が抜けそうな螺旋《らせん》階段だ。階段を上りきるとその脇にまた小さな階段が数段続いていて、かつては使用人専用であっただろう屋根裏に通じている。僕はその最上階へと通じる空間を、三部屋纏《まと》めて借りることになった。地の利から考えてもそれなりの家賃を覚悟していたのだが、家主が提示したのは、それをはるかに下回る家賃だった。彼女は建築士で、古い家屋の改装や改造を長い間専門としてきた。

　僕が部屋を借りるにあたって、彼女はひとつだけ、風変わりな条件を出した。このアパルトマンはアンリ・マチスが最初に田舎から上京してきて住んだ場所だった。もちろん一九世紀の終わりごろだから、カルチェ・ラタンは現在のように世界中の若者が集まって騒ぐ観光地などではない。朝になると河畔に水死体が浮かんでいたりする場末で、ノートルダム大聖堂の周囲はびっしりと細民たちの住居が密集していた。無名で文無しの青年画家にとっては、まさにおあつらえ向きの場所であったに違いない。迷路のような階段の途上でうろうろしている僕に、家主は壁に貼られた表示板を見るようにいった。マチスが一八九一年、二一歳の時に、この家の屋根裏部屋に住んでいたことが、そこには銘記されている。家主の条件とは、日本の文筆家《エクリヴァン》である僕がいずれパリ滞在記を執筆する時には、かならずマチスと同じアパルトマンに居住していたことを、どこかで言及しておいてほしい。自分は日本語こそ読めないが、それを送ってほしいというものだった。何だ、そんなことだったのか。僕は喜んでこの条件を受け容れた。

寝室のカーテンを寄せ、路地に面した窓を開いたとたん、カルチェ・ラタンの歓声が飛び込んでくる。ピザとケバブの匂いとともに、客寄せの声、靴音、音楽、ともあれそういった喧騒がひとまとまりとなって一気に押し寄せてきた。慌てて窓を閉め、食堂を通り抜けて台所に向かった。台所の窓を開けると、アパルトマンの中庭が現れた。中年女性が半裸で日光浴をしており、対面の屋根の向こうには青々とした空が拡がっている。そこにはノートルダム大聖堂の威厳に満ちた姿があった。永遠は永遠の名の下に信じられていた。数年後、大聖堂が紅蓮の炎のもとに燃え崩れるなど、誰も予想もしていなかった。

こうして僕のパリ生活が開始された。

ジョスリーンに初めて会ったのは、春先とはいえまだうすら寒く、陰気な小雨が降ったりやんだりしている夜のことだった。エッフェル塔のすぐそばにある日本文化会館で、僕が講演をした時、彼女が聴衆席にいたのである。

フランスは映画を発明した国だけあって、世界の多くの都市ではほとんど姿を消してしまった小さな名画座が、今でもあちらこちらに残っていて、頑固なまでに独自の方針をもって上映を行なっている。往年のハリウッド映画ばかりを懐古趣味的にかける小屋もあれば、アフリカ映画を中心にプログラムを組んでいる小屋もある。さすがに今では消えてしまったが、ソルボンヌのすぐ近くには、一年中マルクス兄弟のフィルムしかかけない小さな小屋まで存在していた。

上映時間が近づくと映画館の前に疎《まば》らな行列ができる。めいめいがその場でチケットを買って入場するのだが、不思議と年齢に偏《かたよ》りがない。いかにも駆け出しのシネフィルといった若者もいれば、久しぶりに外で食事をしたのだけれど、その後でちょっと寄ってみようといった雰囲気の老夫婦が並んでいたりする。映画の観客の層が、日本とは比較にならないくらい厚いという感じが伝わってくる。

日本映画についても例外ではない。北野武はもちろんのこと、小津安二郎や黒澤明などはとうに全部観てしまった。日活ロマンポルノが纏めて上映されるとなれば、どんな無理をしてもただちに駆け付けるといった熱狂的なファンが存在している。なかには映画祭で日活の元女優が特別ゲストとして招かれたりすると、ヴォランティアを自称して、アテンドを申し出たりする者もいる。

日本文化会館も例外ではなかった。東洋語学校を優秀な成績で卒業した映像部門の担当者が、並みいる日本映画ファンを相手に、いかにもどうだといわんばかりにプログラムを組んだのが、一九五〇年代から六〇年代にかけての新東宝映画の五〇本回顧上映である。最初の上映作品は、かの有名な嵐寛寿郎主演の『明治天皇と日露大戦争』だった。

日本でもこれほど大規模に新東宝映画を特集する映画館はないだろう。プログラムを手にして僕は呆れ返っていた。企画担当者は長年の夢が実現したというので機嫌がよく、『明治天皇』は大入りだったという。彼が僕に依頼したのは、翌週に上映される『戦艦大和』と『軍神山本元帥と連合艦隊』の後で、何か解説めいたことを話してほしいということだった。

僕はどちらのフィルムも観たことがある。といっても小学校に進むか進まないかの時分に、近所の年長者に連れられ、超満員の劇場の後方で肩車をしてもらいながら観たという記憶しかない。フィルム『戦艦大和』は一応原作を吉田満《みつる》の『戦艦大和ノ最期』に仰いでいるのだが、子供には奇跡的に生き延びた乗組員が戦中派として抱いている複雑な思念など、理解ができるわけがない。ただ満身に機銃掃射を受けながらも懸命に応戦する大和が特撮場面で描かれていて、心のなかで声援を送っていたという記憶しかない。だが担当者は、それでいいんだ、封切り当時の日本人がどんな気持ちでこの作品を観ていたかという話をしてくれればいいのだという。彼の調査によれば、宇津井健《けん》が主演した日本版『スーパーマン』である『スーパージャイアンツ』は、一九五〇年代後半にパリでも公開され、それなりに子供たちの間で評判になっていたらしい。

観客席はほぼ満員だった。僕は上映に先立ち簡単な前説をし、それから半世紀ぶりにこの日本のフィルムを観た。記憶のなかにあったフィルムとは、まったく違うフィルムだった。日本語をほとんど話せない日系二世の若者二人が、捕虜交換船で「祖国」に帰還し、そのまま暗号解読兵として大和に乗船する。意地の悪い上官からは非国民だと罵倒《ばとう》されながらも立派に耐え、無線室に閉じこもるとアメリカ軍の発する暗号を懸命に読み解く。彼らは戦艦がいよいよ沈没するという間際になっても部署を離れず、顔を覆おうとする海水を払いのけながら、大本営にむかって打電を続ける……。

　二本のフィルムの上映には三時間ほどがかかる。『軍神山本元帥』が終わると、さすがに観客は疲れてしまったのか、ほとんどが席を立って帰ってしまった。企画担当者がこれから質疑応答を始めますと通知した時には、観客席には十二、三人の姿しか残っておらず、僕にはその人たちの内訳が大体見当がついた。

　日本映画と名がつけば絶対に駆け付ける強烈な映画ファン。いかにもパリ滞在が長そうな、年配の日本人女性二人。韓国と日本の無声映画の比較で論文を準備中だという、韓国人の留学生。この学生からは一度相談を受けたことがあったので、顔を憶えていた。だがこの数少ない聴衆のなかに、いかなる分類にも属さない女性が二人、真面目な表情をして混じっていることに、僕は気が付いた。

　二人ともいわゆるフランスの白人ではない。一人は背が高く、あきらかにインド系の顔立ちをしている。もう一人はいくぶん小柄で丸顔をしており、黒い前髪を額の前で揃えていた。何系だろうか。アラブ系なのか、イタリア系なのか。いずれにしても薄暗い観客席に座っているので、僕の方からは正確に見定めることができない。僕はまず自分の世代について語らなければならなかった。自分は敗戦から十五年ほど後に少年時代を過ごしたのだが、その頃は戦記漫画が大人気で、玩具屋《おもちゃ》に行くと、戦艦や戦闘機のプラモデルが並んでいた。それを組み立てて自慢しあうのが、子供の間では普通だった。僕は大体そういう話をしたと思う。

　するとこの小柄な方の女性が手を挙げた。彼女はまず、自分は戦時下の子供の遊びにとても興味があるといい、それからちょっと風変わりな質問をした。今観たばかりの二本の映画には現実の戦闘場面のニューズリールがずいぶん使用されているみたいですが、それは日本側が撮ったものですか。それともアメリカ側が撮ったものを借り受けたものなのですか。

　僕はちょっと身構えた。こいつはただ受動的に映画を観ている観客がする質問じゃないぞ。ひょっとして自分でもカメラを廻しているプロではないだろうか。そこで少し考えて、これらのフィルムが戦時中のものではなく、敗戦後七年が経って連合軍による厳重な検閲体制が終わり、映画産業が大衆娯楽の王様として復活した時期に制作されたことを語った。

　制作スタッフも俳優たちも、もちろん現実の戦争を体験している世代だ。戦時下に撮影された映像が用いられているのは事実だが、それは日米開戦の直後、戦争の前半部に限られており、戦局が傾いていくにつれ生フィルムは絶望的なまでに払底《ふってい》するようになった。戦艦大和が出陣する戦争末期には、記録映像はほとんど残っていない。だからといって、つい直前まで日本を占領し、重い検閲制度を通して映画から軍国主義的色彩を一掃することに腐心してきたアメリカが、日本の戦争映画のために映像を貸し出すことはありえない。映画に登場する戦闘場面は、撮影所の水槽に模型の戦艦を並べ、巧みに特殊効果を狙った撮影の産物である。あなたも名前を知っているかもしれないが、日本には円谷《つぶらや》英二といって、後に『ゴジラ』という著名な怪獣映画において優れた特撮の腕前を披露することになる人物がいた。特撮のレヴェルは伝統的に高い。ひょっとしてこのフィルムにも、彼の手が関わっているのかもしれない。僕は少し調子に乗って喋り過ぎたかもしれない。質問者の女性はにこりと満足したような仕種を見せた。

その後もいくつか質疑応答があり、すべてが終わって会館のロビーに出てみると、もう二人の女性の姿はなかった。僕は企画担当者に誘われ近くのクスクス屋に入り、上映の成功を祝して乾杯した。

われわれはもう疲れ切っているんだと、彼はいった。フランスは自由と平等の国だ。人種差別はいけないと、いつも教えられてきた。けれども医者が患者の女性を診察する時にかならず兄か夫が付いてきて、ベールを取ろうとしない彼女の病状を代弁するなんてことがいつまでも続くと、どうしていいのか、わからなくなってしまうのだ。担当者はそれから、つい先ほど出て話題になっているという小説の話をした。近未来にフランスでイスラム教徒が大統領となってしまうというSFである。主人公の大学教授は信仰がないため一度離職を余儀なくされるが、イスラム教に改宗して、ふたたび職場に復帰するのだという。

僕はクスクスを食べながら、つい先ほどの女性の質問の鋭さに感じた不思議な手ごたえを思い出していた。いったいどういうわけで、あの二人連れは日本の戦争映画などを観に来たのだろう。戦艦大和の不条理な出陣と沈没の物語を、どのように受けとめたのだろう。

ジョスリーンに会ったのだって？

ニコル・ブルネーズから電話を受けたのは翌日の午後である。彼女はすごく面白い映画だったと話してたよ。

僕は前日に最後まで講演を聞いてくれたその女性がジョスリーンといい、ニコルの親しい友だちであることを知った。うん、なんだかとてもいい質問をしてくれた。

そりゃそうよ、彼女はレバノンで戦争の映画をずっと撮って来たのだからと、ニコルは応えた。彼女はベイルートの勇気ある定点観測者なのよ。けれども話はそこまでで、僕たちはその時に取り組んでいた共同作業の話に移った。

ニコルは左翼で、前衛主義者で、神のごとくに崇拝しているゴダールのために、五〇〇頁近い論文集を独力で編集したことのある研究家だ。シネマテック・フランセーズでは長いこと上映作品の選定に関わっている。大学でも一応教鞭を執っているのだが、情熱の中心は前衛映画の監督たちの上映会を組織し、彼らの非妥協的なあり方を顕彰することにあるようだ。僕が彼女と出会ったのは、コロネル・ファビアン広場にあるフランス共産党本部ビルだった。そこでニコルのプログラミングによって、反体制ドキュメンタリストの回顧上映がなされていたからである。監督はフランス人だが、アルジェリア戦争の時には反植民地闘争を鼓舞するフィルムを撮ったかどで、フランス国籍を剥奪されたという経歴の持ち主で、僕は二日続けて彼の作品を見ることになった。

その後、ニコルと僕は、シネマテックで一つの企画に携わることになった。衣笠貞之助《ていのすけ》が精神病院を舞台に監督した『狂つた一頁』を上映し、その後で僕が一九二〇年代の東京の文化状況について講演をする。東京とリオ・デ・ジャネイロはその当時、ヨーロッパのシュルレアリスムやドイツ表現主義といった前衛芸術運動にいち早く共感を示し、その圧倒的な影響のもとに衣笠のような映像的実験が可能になった。こうした映画史的事実を実作を通して立証するというのが、僕たちの企画の主旨だった。とはいうものの、この催しは直前になって大変な困難に出くわしてしまった。講演原稿はもとより完成しており、後は読み上げるばかりとなっていたのだが、肝腎のフィルムの調達に問題が生じたのである。

フィルムはブリュッセルにあるベルギー王立シネマテックから、一週間前までに借り出す予定になっていた。だが列車に運び入れようとする直前になって、ブリュッセルの空港と地下鉄駅で爆弾テロが起きてしまった。ただちに非常事態が宣言され、空港は閉鎖。あらゆる交通機関が運休し、列車がブリュッセルに乗り入れることすらできなくなった。騒然とした雰囲気のなかで、フィルムの搬入は遅れに遅れてしまった。ニコルと僕は一日一日を緊張した思いで過ごし、上映当日にそれがようやくパリに到着したと知らされた時には、まだ講演もすませていないというのに、事のすべてが終わったかのような疲弊と安堵に襲われた。

上映と講演は全体で三時間半ほどのプログラムであったが、あっという間に終わった。観客席はほぼ満員で、旧知の映画研究家が何人も来てくれた。質疑応答の時間が終わり、楽屋に引き揚げようとしたところで、日本人の留学生がとても真面目な質問をした。ニコルも僕も達成感のせいで少しく興奮していた。そこでどこか近くで食事をしようという話になった。会場には彼女の知り合いらしき人物が何人かいた。そのうちの一人が同行することになり、僕たちは都合三人でタクシーに乗った。車はリヨン駅の少し手前で左折し橋を渡ると、セーヌ河にそってしばらく走ったところで停まった。

テロルの季節が大きな花を咲かせようとしていた。大通りの片隅にあるどんな小公園にも、男二人に女一人の警官たちが配属されているのが見えた。そういえば今回はシネマテックでも入場に際し手荷物チェックが行なわれていたことを、僕は思い出した。

ニコルが僕を連れて行ったのは、サン＝ジェルマン大通りがまさに始まろうとする角にあるレストランだった。派手というわけではないが、奥まった雰囲気のなかに華やかさのあるところで、すぐ向かいにはＩＭＡの金属的な輝きの建物が、夜の静寂《しじま》のなかに超然とした佇《たたず》まいを見せている。以前に彼女が教えていたパリ第一大学からも歩いて遠くないところのようで、どうやらニコルには馴染の場所であるらしい。九時を少し回っていて、レストランに入るにはいくぶん遅い時間だった。彼女は飛び込みで扉を開けると給仕に親し気に話しかけ、たちどころに席を確保した。

同席したもう一人の人物はかなり年配の男性で、ケバディアンと名乗った。言葉寡《すく》なげな人物で、自分はドキュメンタリーを長く撮っていて、若いころはブレッソンの助監督を務めていたと語った。話しているうちに少しずつ判ってきたのだが、どうやら筋金入りのトロツキストであるらしい。名刺に記された姓名を見てひょっとしてアルメニア系かと思ったら、はたしてその通りだった。今年はトルコでのアルメニア人大虐殺から百年にあたるので、個々の虐殺の場所をめぐっていくつかの短編映画を完成させるつもりだという。ニコルは以前にケバディアンの作品上映を企画したことがあった。そこで新作の計画についていろいろと問い訊ね、彼はそれに小声で応えている。だが外国人のフランス語を駆使するのが精一杯の僕には、なかなか会話に入り込む切っ掛けがない。ニコルがときどき気を遣って僕に声をかけてくれるのだが、ケバディアンはとりたてて日本映画に関心があるわけでもなく、なかなか話が嚙み合うところまでいかない。

　会話に入り込めないままに食事を続け、そろそろ甘いものでも取ろうかという時間になったころ、突然にレストランの扉が開いて、一人の小柄な女性が入って来た。小さなトランクを持ち、杖をついている。その丸顔には見覚えがあった。日本の戦争映画上映の後で僕に鋭い質問を投げかけてきたあの女性だ。

　ニコルが目敏く彼女を見つけ、声をかけた。ジョスリーン、遅かったじゃない。さっきまでパレルモにいて、ドゴール空港からそのまま来たのよと、ジョスリーンは答えた。パリってまだ寒いのねえ。シチリアはもう夏よ。給仕が彼女にメニューを見せた。困ったわ、ここにはわたしが食べられるものがほとんどないの。サラダはどう？　とニコル。あ、それがいいわ。このサラダをお願い。こうして僕はジョスリーン・サアブに正式に紹介された。

　ジョスリーンは戦闘的な監督よ、とニコルがいった。とにかくこの人はやることがすごいの。カダフィー大佐突撃インタヴューが手始めで、それから西サハラ民族解放戦線の映画を撮って、ヴェトナムで九〇歳の女医さんの映画を撮って、もちろんベイルートでも、あの都市が爆撃と内戦で破壊されていくさなかに、ずっと腰を据えて撮っていたのよ。

　日本でも仕事したことがあるわ。エナシュカ（ＮＨＫ）ね。にこやかな顔でジョスリーンが付け加えた。すごくお金をもらっちゃった。打ち上げに京都まで連れてってもらって、ゲイシャさんといっしょにご飯を食べた。

僕はジョスリーンの映画を一本も観たことがなかった。日本にいるかぎり、中近東とアフリカのことは、新聞に虐殺とテロで死傷した人間の数が掲載されるばかりで、文化的な情報にはほとんど到達することができない。その点、パリは圧倒的に有利で、街角を歩くだけですべてが露出している。バルベスやシャトー・ルージュに行けば、道行く人はほとんどがアフリカ系かアラブ系だし、アフリカ各国の料理店が、まるで同窓会館であるかのように並んでいる。ＩＭＡはいつでもアラブ文化に関する特別展を企画し、年に一度はアラブ映画祭を開催している。後で聞いたことだが、ジョスリーンが撮ったＴＶ番組とドキュメンタリー映画は、ほとんどすべてがパリで放映されたり公開されたりしている。だがこうした圧倒的な情報量の違いは措くにしても、すでに相当の経歴をもつ映画監督の前でその作品を知らないでいる自分のことを、僕は映画研究家としていくぶんきまり悪く感じていた。

　この夜、僕とジョスリーンが何を話したのかを、僕は今、なんとか思い出そうとしている。彼女は長旅で疲れていたはずなのに、活力に満ちていろいろなことを話した。

　まず映画祭の審査で行ってきたばかりのパレルモが、ほとんどアラブの町のようだったといった。空港に降り立った瞬間から、建物も、植物の感じも、イタリアというより海を隔てた向こう側にあるマグレブ地方に近い印象を受けたという。話はそれからエジプトに移って、カイロという都の深さという話を、とても情熱をこめて話した。あの都はもう本当に善も悪も、美も醜も、すべてのものを平然と呑み込んで存在している。何しろイスラム到来のはるか以前から、死者の都として綿々と続いてきたのだから。カイロでは夜の闇はどこまでも深い。知らずに歩いていていつの間にか真っ暗になってしまい、そうなったらどこまで行っても明るいところに出られるわけでもなく、どんどん闇の底に向かって進んでしまうようなところがある。

わたしの育ったベイルートの文化なんて、うわべはみんなフランスで、カイロに比べたら薄っぺらなものね。彼女はあっさりと故郷の町のことをいってのけた。わたしは一時期カイロを拠点にしながら何本もドキュメンタリーを撮ったけれど、とにかく圧倒されたのは音楽と舞踏だった。とりわけ舞踏。伝説的な舞踏家《アルメ》の舞台を観ることもできたし、舞踏が神秘主義と深い関係にあることも知った。そんなわけでサミア・ガマルとか、タヒア・カリオカ、ナアイマ・アケフといった戦前の偉大なアルメの足跡を調べ、アルメについてドキュメンタリーを一本作成した。彼女たちはいつかカイロの王宮の女王になって、スルタンの寵愛《ちょうあい》を受けるのだという秘かな夢を抱きながら、市井の結婚式に招かれて、世俗の芸を披露して生きてきたのよ。

ジョスリーンは話し続けた。友だちになった音楽家が、かの偉大なるウンム・クルスームの生涯をオペラにしようとしていたので少しつきあったけれど、あの都市で音楽が果たしている役割の大きさには、文字通り想像を絶するものがあった。そうそう、ずっと後になって、わたしはパリで、エジプトの大女性歌手、ヌル・エル・ハウダが歌うのを、たまたま楽屋裏で見てしまったことがあった。彼女は舞台から引き揚げてくると一息ついた後、誰も周囲にいないのを見計らって、まったく個人的に『コーラン』の一節を朗々とした調子で朗誦した。事実、わたしを除いて、楽屋には誰もいなかった。一般的には女性が聖典を軽々しく朗誦することは好ましくないとされているのだけれど、ヌルはそれを心の底から、まったく個人的な信仰のために行なったのよ。わたしはキリスト教徒の家に生れ、イスラム教のことはよく知らなかったけれども、彼女のみごとな声で『コーラン』が唱えられているのに、ただ独り立ち会っていた。

ニコルもアルメニア系の監督も、ジョスリーンが次々と語るカイロの話をうっとりとした表情で聴き入っていた。僕はといえば、目の前にまったく未知の世界が、勢いをもって拡がっていくような気持ちだった。

カイロは日本映画祭の時に講演を依頼され、一週間ほど滞在したことがある。もっともこのときは政府の検閲体制があまりに厳しくて、こちらが選出した日本映画の半分ほどが上映を許可されなかったという記憶しかない。ジョスリーンが語る都市の深みを垣間見ることなど、予備知識のない僕にはとてもできなかった。目の前にいるこの女性は、まるで『千夜一夜物語』のシエラザードのように、次々と驚異を紡ぎ出す術を心得ているのだと、僕は直観した。彼女の語るカイロは、暗い闇に彩られながら、神秘と恍惚に満ちていた。とはいえ後になってわかったことだったが、この時の彼女は、カイロについて半分の真実しか語っていなかった。実は彼女はこの都に滞在中、宗教的な禁忌に抵触し、生命の危機を感じるような恐怖の体験をしたあげく、エジプトから国外追放に処せられたのである。

レストランは仕舞支度に入ろうとしていた。ケバディアンが車を拾って先に帰り、ニコルと僕がジョスリーンを送っていくことになった。深夜近くともなればサン＝ジェルマン大通りには人影はなく、ときおり車が過ぎてゆくばかりだ。ジョスリーンの住んでいるアパルトマンは、レストランの前の大通りを渡り、モベール広場の方へ歩いてすぐのところにあった。ジョスリーンはレストランに入って来た時と同様、杖を突いていた。そこで僕が代わりに彼女の旅行鞄を預かった。ニコルは彼女の疲労にひどく気を遣っている。彼女はいかにも飛び込みで今回のレストランを選んだように見えて、実はジョスリーンの帰宅の便を考えての選定ではなかっただろうか。

　アパルトマンの入口で、僕はジョスリーンに自分がすぐ近くに住んでいると告げた。彼女はそれだったら今度、遊びに来てほしいと僕にいい、玄関の扉のコード番号をすかさず紙切れに書いてくれた。古色蒼然とした、いかにも立派なアパルトマンだった。

　深夜のモベール広場はがらんとしていて、賑やかな朝市からは想像もできないほどひっそりとしていた。広場を抜け、斜めの道を抜けてセーヌ河に出る。ノートルダム大聖堂がライトアップされて、荘厳に輝いている。遠くの方ではまだ若者たちの歓声がしていた。僕は気になっていたことをふと思い出した。

　たしか十年くらい前のことだったが、国際交流基金が主催で、日本で最初のアラブ映画祭が開催されることになった。ディレクターとなった人物はアラブ諸国を個々に廻ってリサーチを続けたばかりか、ＩＭＡのアラブ映画祭にまで通って情報を蒐集するという具合で、準備にきわめて精力的だった。戦時下にあるイラクの映画を、現存する最古のフィルムに遡って探し出し、最新作までを上映するという困難な企画がこうして実現した。他にもパレスチナの監督による、パレスチナ・イスラエルの分断線をめぐる四時間半のドキュメンタリーが取り上げられるなど、映画祭としては水準の高いプログラムが並んでいた。ベイルートに長期滞在し、日本で最初のアラブ映画専門の研究家となった女性が参画していたことも、質の高さの一因だった。僕も求められて、よく知らないままに、映画祭のパンフレットに原稿を寄せた。

　この時、曖昧な記憶ではあるが、奇妙な話を耳にした。あまたの上映作品候補のなかに、エジプト映画で飛び抜けて優れたフィルムがあった。伝説的なベリーダンスの舞踏家の娘として生を享けた女性が、長じて母親の伝統芸の世界を嫌い、それに背を向けて大学に通う。彼女は近代文学における性の表象について学ぶ。指導教官は自由恋愛を主張し、因習的な道徳の破棄を声高く叫んでいる。彼は『千夜一夜物語』の完全版の刊行に関与したという理由から社会的に糾弾され、教授職を解任されようとしている。ヒロインは教授の毅然とした態度に感動し、いつしか彼を男性として愛してしまう。彼女は彼の愛に応えようとしているうちに、長年拒絶してきた舞踏の世界に少しずつ迷い込んでいく。母親のかつての舞踏仲間のもとを訪れ、しだいに母親の偉大さに魅惑されていく。知らずと母親の巨大な残影の内側に参入していく。最後に彼女はスーフィズムの神秘哲学に目覚め、舞踏を通して神との合一を求めるに到る。伝統文化と近代化。女性のジェンダーと通過儀礼。粗筋を聞いているだけで、アラブ社会における今日的主題が集約されている興味深いフィルムだと見当がつく。

　映画祭主催者たちはこの作品を映画祭初日の上映作品に決め、監督を招聘《しょうへい》しようと試みた。そこでエジプト大使館の文化広報担当者らしき人物に問い合わせたところ、この作品はエジプトを代表するのに不適当であると、拒否の通知が伝えられた。映画祭側は諦めざるをえなかった。代わりにエジプト代表として上映されたのは、三組の恋人たちの頓珍漢な失敗を描いたラブ・コメディで、当時カイロで大ヒットしていたフィルムだった。

ひょっとしてこの拒否された作品とは、ジョスリーンが手掛けたものではなかっただろうか。僕の頭には、つい今しがたレストランで彼女から聞かされたエジプトのアルメたちの話が渦巻いていた。そこで帰宅すると、疲れていたにもかかわらず、インターネットで検索を試みた。あっという間に疑問は氷解した。Jocelyne Saabの項目を開くと彼女の簡単な経歴とともに、代表的な劇映画作品として *Dunia* というフィルムが挙げられている。運がいいことに、僕はそれをYouTubeで観ることができた。コンピュータの小さな画面と、そこに添えられたさらに小さなフランス語字幕に神経を集中し続けることはけして楽な作業ではなかったが、この作品はそれだけの力を持っていた。僕は作品の魅力に引き摺《ず》られて最後まで観通してしまい、すっかり感動している自分に気付いた。

文字通りすばらしいフィルムだった。カイロの市場の雑踏のなか、荷車に山ほど積み上げられた女性ものの下着のうえで、我を忘れて踊っている少女。夜の暗闇のなかで自分の小さな部屋の窓を大きく開け、眼下に広がる市場の広場で上映されている昔のメロドラマ映画に観入っているヒロイン。最後の場面で彼女は真紅の服を身に纏い、カイロの都全体を見下ろす丘の上に立ち、あたかも天空に問いかけるように踊る。舞踏を通して宇宙と対決し、まさに宇宙と交感しあっているのだ。僕が会ったばかりのあの女性は、十年前にこんなフィルムを撮りあげていた。

だが謎は残った。この作品はアラブ映画祭の会場で、初日に上映されることが内定していながらも、どうして急遽取りやめになってしまったのだろう。

レストランでの会食からしばらくして、ジョスリーンから電話があった。来週の土曜に家でちょっとしたパーティを開くから、遊びに来ないかという誘いである。僕は二つ返事で承諾した。彼女は、それだったら自分の作品を観てもらいたいから、少し早めに、午後に来ないかと提案してきた。僕はこれも承諾した。『デュニア』というフィルムのキャンセルの謎を聞いておきたかった。だがそれ以上に僕の心を引き立てたのは、世界中を移動しながらドキュメンタリー映画を撮り続けている彼女に対する強い好奇心だった。

　サン＝ジェルマン大通り二九番地は、歩いてすぐのところにある。いつものようにアパルトマンの扉を開けると、眼前に大聖堂が迫っている。その荘厳な姿を横目に河畔をしばらく歩き、シェイクスピア書店の脇から小公園を横切る。いつも通っている朝市の広場を抜け、眼についた花屋でアイリスを束ねてもらった。ローマ時代の遺跡の壁を抜けて大通りを行くと、十分もしないうちに、数日前の深夜に来たアパルトマンの前に立つことができた。教えられたコードを押して玄関を開ける。ひっそりとした薄暗い空間を横切って、さらに内側にある扉の前に立つ。美しいステンドグラスの向こうに中庭の気配がした。僕が住んでいるマチスのアパルトマンとは段違いに贅沢な造りの建築だ。もっとも呼び鈴を押したが何の応答もない。所在ないまま扉の前でしばらくの間待っていると、玄関を開けてジョスリーンが飛び込んで来た。左手にスーパーの袋とバゲットを抱えている。彼女はパーティのため、食材の買い出しに出かけていた。

　予感した通り、扉の向こうには瀟洒《しょうしゃ》な中庭があり、花々が植えられていた。鉄格子を思わせる旧式のエレヴェイターがゆっくりと降下してきた。

ジョスリーンはアパルトマンの二階に、広々とした部屋をひと続き持っていた。二十畳ほどのサロンが仕事部屋になっていて、AV機材やらコンピュータやらが、二台の広い作業机のうえに置かれている。書物やノートブック、DVD素材が散らばっているのは、まさに作品を編集中だからだろう。廊下の片側は全面が棚になっていて、書物や映像資料が隙間なく並べられている。食堂には大きな食卓とソファがあり、壁一面の窓から差し込む陽光が、沢山の観葉植物の緑を鮮やかに際立たせていた。その中央には大きな鉢があって、パピルスの細い茎が天井にむかって垂直に伸びていた。

ジョスリーンはわたしを待たせた非礼を詫びるとすぐに台所に入り、しばらくして飲み物を運んできた。ターメリックを擂り下ろしたお茶だった。

レバノンのお料理って知ってる?

少しだけ。十年くらい前にベイルートに行った時。僕は答えた。

へえー、行ったことがあるの。どんな印象だった?

きれいだったよ。海が輝いていて、後ろに高い山が控えている。サイダとかティルスとか、南の方にもバスに乗って行った。ベイルートはオシャレなブティックとレストランが並んでいて、でも僕が東京に戻った直後からイスラエルの爆撃が始まっちゃったけど。

ジョスリーンは何もいわず台所に戻り、買ってきたばかりのパセリを俎板《まないた》の上に載せた。葉の一枚一枚を拡げて重ね、丁寧に刻んでいく。世界でただひとつ、パセリが主役の料理がレバノンにはあるのよ。彼女はそういいながら大麦の挽き割りとトマトをパセリの上に載せ、戸棚のなかから何種類かのスパイスを取り出して振りかけると、ミントの葉を千切ってさらに加えた。僕たちは台所で話を続けた。

あの映画を撮った時は大変だったのよ。僕が『デュニア』を観たというと、彼女はただちに話し出した。それ以前にも王家の棺を撮影して神聖なる禁忌を犯したというので、七年間にわたりエジプトには入国できなかったのだけれど、この時はそんな程度じゃすまなかった。本当に生命の危険を感じたのよ。

でもわからないな。あの国の検閲が厳しいのは映画祭に行ったことがあるから知ってるけど、大学教授が『千夜一夜物語』を刊行したくらいで、どうしてそんなに問題になるんだろう。

違うわよ。気が付かなかった？　フィルムの最後の方で小《ち》っちゃな女の子が残酷な目に遭うでしょ。近所のお婆さんと叔母さんが相談して、その辺にある剃刀《かみそり》を使って、ソファの上で彼女に割礼を施すという場面。それが大スキャンダルになったの。エジプトではいまだに大部分の女性がああした「外科手術」の犠牲になっている。それが社会的慣習として黙認されている。しかし不衛生きわまりない方法で事を行なうものだから、感染症で酷いことになる女の子が後を絶たない。でもこのことについて公然と語ったり、映画で描いたりすることは、エジプトでは絶対に許されていないのよ。

僕は啞然とした。深夜にコンピュータの小さな画面で観ていたこともあるが、こうした社会的慣習について知識不足のせいで、少女がどうして死んでしまい、ヒロインが怒りに満ちて抗議をするかが、今ひとつ理解できていなかったのだ。

カイロは想像もできないくらい古い都よ。でも実際に生活をしていると、レバノンとは比較にならないくらい因習に満ちていて、人々が近代以前の世界に住んでいることがわかる。わたしの育ったベイルートでは、誰もが海岸ではビキニで泳いでいて、オペラを観にいくとみんなフランス語で話している。書店のショウウィンドウにはラカンやリオタールの本が並んでいるわ。でもカイロは違う。男が女をレイプしても、その後で結婚をすればちゃんと無罪になるという法律がいまだに存在しているのよ。信じられる？　女子割礼のことを口にすることは禁忌のなかの禁忌で、ましてやわたしは外国人のキリスト教徒で、しかも入国禁止の前科があったから、それはもう大騒動になってしまった。

『デュニア』は結局、カイロでは映画祭を別にすれば公開できなかった。ジョスリーンは街角を歩いていて人に取り囲まれ、面と向かって罵倒されたり、石を投げられたこともあったようである。彼女は三日間にわたり警察に拘束され、国外追放の処分を受けた。

『デュニア』の話はそれだけではすまなかった。主演を演じた女優はその後、極右団体に接近し、いまでは知る人ぞ知る活動家になってしまった。彼女がその道に進んだのは、あの映画に出ていたことで受ける不利益を避けるためだったのか。それとも本心からだったのか。それはわからないわ。エジプトでも進歩派の知識人のなかには、あの映画を支持して弁護する人たちもいないわけではなかったけれど、いかんせんパリ帰りの少数派で、大部分の映画評論家は、エジプトのことも、ムスリムのことも、何もわかっていない外国人が撮った、偏見に満ち満ちた作品だといって非難した。ところが欧米の国際映画祭ではまったく逆のことをいわれたの。映画などロクに見ないような女性解放運動の活動家がしゃしゃり出てきて、アラブ人の女性監督がついに勇気を奮って、アラブ社会の後進性と女性差別に対して告発を始める時が到来したというわけで、とにかく滅茶苦茶に評価されたのね。その人たちは過去のわたしが、イスラエルによるベイルート破壊について何本もドキュメンタリーを撮っているなんてことはけっして口にしない。彼女たちの前では、わたしは偏《ひとえ》にアラブの女性解放の勇士ということになっている。でも女子割礼のことは、『デュニア』のなかでは最後の方に登場するほんの短い挿話にすぎず、わたしはそれを中心にして描くために映画を監督したわけではない。それだったら別のドキュメンタリー映画を撮るわ。わたしが描きたかったのは、長い間、ベリーダンサーであった自分の母親を恥じてきた女子大生が、自分の肉体を舞踏に委ねることを通して亡き母親に敬意を抱くようになり、彼女と和解を遂げるということだったのよ。けれどもパリの女性活動家たちは神秘主義と舞踏との間の深い関係のことなど、何の関心ももっていないのよ。

　パリに帰ってきた時、みんなが尋ねた。拷問されたの?って。フランス人はわたしが性的な拷問を受けたと信じていた。わたしは何も答えなかった。ウイとも、ノンともいわなかった。だってあの三日の間に自分が感じた恐怖と屈辱について語ったとして、いったいフランスにいる誰が理解できるっていうの?

　ジョスリーンは細目《こまめ》に香辛料を調合し、大ぶりの羊の肉をオーブンに掛けながら、エジプトで降りかかった受難について語った。内容は怒りに満ちていたが、口調は淡々としていた。やがて台所に香ばしい香りが充満すると、チャイムが鳴り、パーティの客たちがぽつりぽつりと訪れだした。花を持ってくる者もいれば、手作りらしいサラダの入ったタッパーをリュックサックから取り出す者もいた。誰もが親しい間柄のように見えた。ジョスリーンは一人ひとりにわたしを紹介した。ワインの栓が抜かれ、パーティが始まった。台所から運ばれたさまざまなレバノン料理と客たちが持ち込んだ料理とが混ざり合い、食卓の上は満杯になった。僕はジョスリーンがいつの間にか首に真っ赤なスカーフを巻き、香水をつけているのに気づいた。羊のローストが運ばれてくると、居合わせた全員が拍手した。誰かが、まるでビリディアナの宴会みたいだといった。でもウェディングドレスがないよ。ジョスリーン、レースのカーテンを引き千切って踊ってみせてよと、別の誰かがいい、本物の乞食がいないとやっぱり雰囲気が出ないよと、さらに別の誰かがいった。

　オリヴェイラについて論文を書き上げたばかりの、ポルトガルから来た学生がいた。中近東におけるインド映画の受容について研究をしているという、エジプト人女性がいた。ラテンアメリカの革命のことに詳しく、中平卓馬は最近どうしてると、僕に訊ねてきた人類学者がいた。黒いシックないで立ちで、宮崎駿《はやお》の新作について意見を求めてきた女性がいた。週刊誌に映画コラムを連載している有名なエッセイストらしかった。客たちのうちで話題をリードしていたのは、ヴェトナム人の双子だった。彼らの一人はアジア専門の古美術研究家で、そのブログが人気を呼んでいるとのことだった。ジョスリーンは彼らと、ホーチミンで高齢の女医の回想を映画にしていた時に知り合ったらしい。双子は女医の甥たちで、現在はパリに移住して三〇年以上になるとのことだった。

突然、ジョスリーンが立ち上がった。みんな、アミラル・ヤマモトのことを知ってる？　彼は最後まで戦争に反対したのだけれど、いざ戦争を始めるとなると、みごとな奇襲攻撃を考案して、アメリカ軍に大きな損害を与えた。でも勝てないとわかると、自殺を覚悟して死地に赴いた。堂々とした演説口調だった。

　僕は驚いた。いったいどうしたのだろう。彼女はつい先週観た日本映画のことを話していた。きっと山本五十六《いそろく》の生涯に、何か感銘を受けるところがあったに違いない。

　レバノンはパレスチナから目と鼻の先にある。日本でいうならば東京都と千葉県を合わせた程度の狭小の国土に、過去にはパレスチナから、また現在はシリアから、夥《おびただ》しい数の難民が押し寄せ、いたるところに難民キャンプを築いている。けれども彼らは土地の私有を許されず、就業においても数多くの職業を禁じられている。パレスチナ難民の抵抗運動を鎮圧するために、イスラエルはこの半世紀にわたって爆撃を重ね、レバノン南部を占領し、ベイルートを囲繞《いじょう》した。彼らはキリスト教徒とイスラム教徒が互いに反目しあい、民兵を組織して虐殺を始めるのを、丘の上から眼を細めて眺めていた。ジョスリーンは一九八二年にその場に居合わせていたはずだから、悲惨な歴史の数々を骨身に沁《し》みて知っているはずだ。彼女がもし日本の戦争映画に描かれた山本五十六に何らかの共感を抱いているとしたら、それはつねにイスラエル軍に攻撃を加えられ、国土を蹂躙《じゅうりん》されたレバノン人の体験がそこに反映されているはずだろう。

　もっとも日本はアメリカに奇襲攻撃を加えたから偉大な国だという単純な論理に、僕は素直に賛成することのできない世代に属している。パレスチナ人やレバノン人がそれをもって日本に期待を寄せたとしても、僕はその心情を理解はできても、自分から無条件にそれを受け容れることはできない。だが当時の日本の戦争参加について、いかに細部の状況と経緯を説明できたとしても、彼らの日本観がそれで大きく変更することはまずないだろう。ジョスリーンはどうなのだろうか。それを知るためには、彼女が監督したドキュメンタリー映画をまず観た上で、彼女の戦争観、国家観を理解しておかなければならない。

パーティは深夜まで続いて終わった。ジョスリーンは途中から疲れてしまったのか、パピルスの大きな鉢のわきに置かれたソファに横になり、客たちの会話の盛り上がりを満足そうに眺めていた。そうか、パピルスというのは、もう二度と足を踏み入れることができなくなったエジプトの思い出なのだと、僕は思いあたった。

二人の女性客が台所に入り、皿という皿を片付けていた。客たちは全部で一二人、しかもみごとに違う国籍の者たちばかりだった。僕は一気に知り合いが増えたことで、少し興奮していた。

こうして僕はジョスリーンの家に出入りするようになった。

最初にカメラを廻したのは二二歳の時だった。まだセント・ジョゼフ大学に通っていたころ。卒業する最後の年。パレスチナ人の友だちといっしょにペトラの大遺跡からアレッポまで、アラブ世界を自分の眼で発見しようという旅に出たのよ。わたしはアラブの幾重にも絡み合った蔓草の蔓のような歴史について何も知らなかったし、パレスチナ難民の歴史的経緯についてもほとんど知識がなかった。ところがアンマンまで来たところで、エリというその友だちがいきなり連行されてしまったのよ。すぐに釈放されたのだけど、難民だからというので厳重に訊問されたわけね。エリは慣れっこになっているという素振りを見せていたけれど、わたしにはショックだった。それが切っ掛けとなって二人でパレスチナ問題のことをいろいろ話し合うようになり、ヨルダンにある難民キャンプを訪れた。パレスチナの民族衣装でとても素敵な服があって、わたしがそれを買おうと思って値段の交渉を始めたら、エリが怒るのよ。どうして難民から服を取り上げるんだって。けれども気に入った服なのでどうしても欲しい。やっぱり買ってしまい、パリにまで持ってきてしまった。今でもときどき着てるわ。エリとはその後もずっと仲良しだったけれど、でもこの時は違った。置かれている立場によって人はいろいろな考え方をするものだってことがわかったのね。それで大旅行が終わると、人は自分が住んでいる家からどのように人生を学ぶのかというテーマで、三〇分くらいの映画を撮った。運がいいことに、それが『レバノンの家屋』という題名で、レバノンのＴＶで放映された。その時、ああ、自分はひょっとしてジャーナリストとしてやっていけるかもしれないと思ったのよ。

　僕が遊びに行くと、ジョスリーンはターメリックのお茶を入れながら、こんな風に話し出した。

セント・ジョゼフ大学を卒業したら、すぐにベイルートの新聞社に就職したのよ。あの頃はミュンヘン・オリンピックでテロが起きたり、ヨルダンがパレスチナ難民とＰＬＯを追放したり、中東情勢が緊迫しだした時代だった。ベイルートに閉じこもっているだけでは世界の大きな流れはつかめない。そう思って、一気にパリに渡り、「フランス３」というＴＶ局に就職したわけ。その合間を縫ってパリ大学に籍を置き、せっせと論文を書くことになった。

もともとは高校生の頃からパリに留学して映画や演劇の勉強をしたくて仕方がなかったのに、母が「もっと真面目な勉強をしなさい」というわけで許してくれなかった。経済学なんて何の関心もないのに、経済学部に行かされた。だから社会人になったのを幸いに、ぱっと家を蹴飛ばしてやったのよ。お見合いの話とかもね。わたしが担当することになったのは「マガジン52」という特別報道特集だった。リビアからゴラン高原まで、アラブという広大な地域をレポーターとして毎週のように駆けずりまわるという仕事。ものすごくキツい仕事だったけれど、やりがいがあった。リビアのカダフィー大佐も、ＰＬＯのアラファト議長も、とにかくこれはと思った人物には突撃インタヴューを仕掛けていくという毎日だった。

一九七三年にはイスラエルの特殊部隊がベイルートに侵入し、ファタハの幹部を暗殺するという事件が起きた。わたしはただちにイスラエル空軍がベイルートのパレスチナ地区に爆撃したことについて一〇分の短編を撮った。ドキュメンタリー作品としては、これが二本目ね。

その直後、第四次中東戦争が起きると、六日間はもう死ぬほどに忙しかった。ゴラン高原の北に足を運び、スエズ運河に飛び、シナイ半島南部に向かい、これまでになかったほどの破壊を目の当たりにした。カイロから百キロほどの小さな村では、一四一人がイスラエル軍によって虐殺されていた。わたしはものすごい数の死体の山を目の当たりにし、生き残った人たちに証言を求めて、フランスのＴＶ局に送った。

そうそう、リビア軍がエジプト国境にむかって「緑の行進」をしていた時だった。カダフィーに会って、リビアとエジプトの間の錯綜した政治関係についてインタヴューを終え、さあ、パリに帰ろうとベンガジ空港へ向かった時のことよ。朝の六時だった。空港が異常な雰囲気に包まれている。目の前にジェイシュ・アルマル・ヤーバーニー（日本赤軍）がハイジャックした飛行機が停まっていて、今にも乗客が機内から降りようとしているところだった。これは大変なことが起きている。わたしはただちに空港ロビーの公衆電話からパリのラジオ局に電話を入れ事態を説明した。それからカメラを廻した。飛行機は爆破され、操縦室が崩れ落ちるのが間近に見えた。日本赤軍の面々は、ただちにリビア軍のトラックに乗せられ、どこかへ行ってしまった。

わたしは日本赤軍について何も知らなかったし、彼らがどうしてパレスチナ闘争に参加しているのか、事情もわからなかったけれど、この時だけはさすがにびっくりした。その前の年にはイスラエルのリッダ空港（日本での通称はテルアヴィヴ空港）で乱射を行なうし、今度は飛行機の爆破。日本人って思いきったことをする人たちだなあという印象を持ったわ。

ジョスリーンが日本赤軍について興味を持っていると知って、僕は自分の知っているかぎりのことを手短に語った。日本の学生運動のあらましを説明し、共産主義を標榜する学生たちの集団が複数に分岐したなかから、赤軍派を名乗る集団が台頭してきたこと。彼らは武装闘争を主張したため、国家権力によって徹底的に弾圧され、多くの逮捕者を出したこと。そこで組織再建と世界革命のため、彼らのある者たちは飛行機を乗っ取って北朝鮮に向かい、別の者たちはまったく別のテロ組織と合体して、「連合赤軍」を名乗ったこと。後者が冬山で武装訓練を行ない、その途上で孤立と焦燥感から多くの仲間を殺してしまったこと。この事件が一因となって日本の新左翼運動は急速に退潮し、七〇年代には「鉛の歳月」とでも呼ぶべき停滞と不活性の時期が始まってしまったこと。もっともこの程度のことは、僕の世代なら誰でも知っていることだろう。ただ問題はそれを、わざわざ外国人の前で真剣に説明するかどうかだという気がする。誰もが忘れ去ってしまいたいことだからだ。

僕はさらに説明した。赤軍派のなかにはさらに別の一派があって、彼らは国際主義を主張し、パレスチナ難民を支援するためにレバノンへ向かった。そこからリッダ空港での戦闘行為に参加する三人の「兵士」が出てきた。「日本赤軍」と呼ばれるこの集団の最高指導者は女性であり、そこに後になって日本のアンダーグラウンドで著名な映画監督が参加した。だが一九九〇年代も終わろうとするころ、彼らは相次いで官憲に逮捕され、日本に強制送還されてしまった。最高幹部の女性だけは日本に密入国していたところを発見され、重い懲役刑を受けて現在は服役中である。彼女は東京拘置所のなかで、日本赤軍の解散宣言を発表した。

ジョスリーンが思いのほか、真剣に耳を傾けているので、僕はさらに言葉を続けた。

高校生の頃、銃口店を襲って武装闘争を唱える集団が登場したと聞いて、僕はついにここまで来たかという気持ちを抱いた。僕は世代からいうと、彼らの最年少のメンバーと同じ年齢だった。だからもし高校や大学の先輩や同級生から熱心に勧誘されたとしたら、ひょっとして軽い気持ちで冬山に籠り、同志殺しに手を染めてしまったかもしれない。現に警官たちと激しい銃撃戦を行ない逮捕された者のなかには、兄弟に誘われて何となく行動をともにしてしまったという少年すら混じっていたのだ。

今から数年前だけれど、連合赤軍による一連の事件を映画にしようという動きが出てきた。監督は彼らより十年ほどの年長の若松という人物で、事務所に出入りしていた女性が赤軍兵士として冬山で殺されたことに強い怒りと悲しみを抱いていた。彼を衝き動かしていたのは、今のうちに映画にして遺しておかないと、この事件はやがて日本の歴史のなかで完全に抹殺されてしまうだろうという焦燥感だった。日本では誰もが思い出したくもないし、触れたくもない事件だったからだ。若松は僕に制作委員会に入れといい、僕は引き受けた。さして何もできなかったけれど、それを引き受けたのは、自分と同い年の少年が銃をもって警官隊と対峙したという事実が、けしてよそ事ではないように思えていたからだった。若松のフィルムは観ようと思えば観ることができるよ。ベルリン国際映画祭でちゃんと賞も獲ったし、たぶんニコルのところにデータがあるんじゃないかなあ。

　ジョスリーンはただちにニコルに連絡を取り、若松孝二の『実録・連合赤軍』をコンピュータ画面で観た。彼女はとても疲れた、正視できない画面がたくさんあったと感想を述べた。それから僕にさらなる説明を求めた。冬山で銃撃戦をした連合赤軍とベイルートへ行った日本赤軍とは、どのような関係にあるのか。そもそも日本赤軍はなぜパレスチナ難民のために、自分の生命を犠牲にしてまでも戦おうとしたのか。彼女は恐ろしく真面目な顔でそう訊ねた。

　制作委員会に名を連ねたこともあって、僕はこの時までに、世界のいくつかの場所で同じフィルムを上映し、その前後に説明を兼ねた講演をしたことがあった。オスロで、香港で、リオ・デ・ジャネイロで、日本の左翼運動の歴史を掻い摘んで説明し、このけして短くない作品の背景を語るということを、自分の世代に課せられた義務であるかのように繰り返してきた。そのたびに、まず日本では問われることのないような質問を受け、それに対し懸命に応えなければならなかった。バンコクのタマサート大学では、かつてタイ・ラオス国境で八年にわたり武装闘争を続けてきた学生運動の指導者から、連合赤軍の兵士の何パーセントが仏教徒だったのかという質問を受けた。問いの背後には仏教徒が同志殺しをするわけがないという確信が感じられた。

僕はジョスリーンの質問は、レバノン人としてみれば当然のことであったと思う。それは日本では誰もが問うことも、考えることもしなくなってしまった類の質問だった。僕は約束をした。今度、東京に帰ったら、いろいろ調べてくるよ。実は僕は、その日本赤軍の最高幹部の女性を東京拘置所に訪れ、一度だけだけれど、面会室で直に言葉を交わしたことがある。ジョスリーンが本当に興味をもっているのだったら、フランス語か英語で何か資料を送ってあげるから。

僕とジョスリーンは沢山の話をした。

彼女はいった。わたしの名前ってスゴイでしょ。ジョイスとセリーヌの結合なのよ。サアブというのは困難という意味だし。

ベイルートの富裕なキリスト教徒の家に生まれ育った彼女の物語は、その規模において僕には想像を絶したものだった。豪奢《ごうしゃ》な館の床一面に敷き詰められた、何世紀も前の絨毯《じゅうたん》。夏が近づくと絨毯掃除に現れる男たち。勉強部屋の窓から見える地中海の青い波。ジャカランダの植え込みの向こうに見える夕暮れ。

夏に山中の避暑地に行く時に、途中で馬車から降りて食べる氷菓子。深夜にひとり目覚めてしまい、こっそりと庭に出て、冷え冷えとした大理石の敷石の上を裸足で歩いてみた時の悦び。ジョスリーンが口にする思い出のすべてが、魔法の国のなかの出来ごとのように僕には思われた。

ある時、僕はポルト・ディヴリの中華スーパーに寄って食材を買い求め、ジョスリーンの台所で河童巻きと湯豆腐を拵《こしら》えた。彼女はとても面白がり、まず湯豆腐の湯を口に運ぼうとした。違うよ、ジョスリーン。これは飲まなくて、お豆腐と野菜だけを食べるんだよ。でもこのスープは美味しいじゃない。どうして飲んじゃいけないの。日本では飲まないんだって。じゃあこの海藻《アルグ》はどうするの。これも食べない。捨てちゃうんだよ。けれどもジョスリーンは結局、「豆腐スープ」が気に入ってしまい、鍋の湯どころか、昆布までを平らげてしまった。

数日たって電話があった。あの後で同じスープを作ろうとしたのだけれど、どうもうまくいかない。もう一度来て、作ってくれない？　僕はふたたびトルビアック街の中華スーパーに行き、材料を買い求めると、サン＝ジェルマン大通りのアパルトマンを訪れた。そのうちリクエストがあまりに頻繁になるので台所の戸棚に特別コーナーを設け、米も、昆布も、干し椎茸も、必要な食材はあらかじめ備蓄しておくようになった。

僕が彼女の作品に関心をもっていると知って、ジョスリーンは次々とＤＶＤを貸してくれた。彼女は四〇本ほどのドキュメンタリーと四本の劇映画をすでに撮っている。僕が感想を述べると、さらに次の作品を貸してくれるということが続き、二か月ほどの間に僕は主だった作品を観ることができた。イスタンブールで披露する予定だといって、完成したばかりの短編を作業机の上のコンピュータで見せてくれたこともある。もっともこの時は彼女に熱が入り過ぎていて、真夜中になっても細かなショットの感想を、一つひとつ僕に求めてきた。僕は眠気を堪《こら》えながらそれに応じ、部屋に戻った時には、空がうっすらと明るみ出していた。

ある時彼女は、ついこないだ出たばかりだといって、一冊の書物に署名をして手渡してくれた。表紙には眉を顰《ひそ》めて煙草を吸っている彼女の顔が写っている。マチルドといってニコルの大学院のゼミ生がわたしについて本を書いてくれたのよと、彼女はいった。まだ二五歳なんだけど、とても立派な本なので感心しちゃったわ。そこで僕は帰宅して、さっそくマチルド・ルークセルの『ジョスリーン・サアブ　馴化を拒む記憶』の冒頭を読んでみた。ブランショからディディ＝ユベルマンまで、さまざまな現代思想を引用しながら、ジョスリーンの全作品を縦横無尽に論じている。マチルドってパリにいるのと訊ねると、今はマルセイユに住んでいて、アラブ圏の映画について博士論文を準備しているとの話だった。

ジョスリーンと話しているうちに少しずつ判明してきたのは、彼女が母親を深く憎んでいる事実だった。何かの折に、断片的にではあるが、そんな話がふっと話題に出た。わたしがパリにいるものだから、あの人と弟が共謀して、父親の遺産のなかのわたしの取り分をみんな取ってしまった。だからわたしはベイルートに何もないのよと、彼女はいった。二五年ほど前に決定的な確執が生じ、それ以来、音信不通になったのよ。彼女は今のわたしが何をしているか、何も知らないし、きっと関心もないと思うわ。

この手の話には気楽に関わってはいけないと、わたしは直感的に判断した。母と娘の間の関係の複雑さについて、男は絶対に知ったかぶりをしてはいけない。それが証拠に、エディプス・コンプレックスを提唱したフロイトにしても、彼に造反した弟子のユングにしても、この問題には沈黙に近い態度を取っている。

　僕は学生時代に、一人の女性詩人に会ったことを思い出した。高校時代に成績優秀だった彼女に、母親は東大生の家庭教師をつけた。ところがその学生が性的な悪戯《いたずら》をしたらしい。事件に気付いた母親はひどく怒り、娘を詰《なじ》った。近くの産婦人科へ娘を連れて行くと、処女膜損傷の有無を確認させた。娘は母親の態度に反発し、大学受験を放棄するや労働運動の専従活動家となった。僕はずっと後になって彼女から自作の詩を見せられた時、そこには自分が足を踏み込むことのできない傷ましい領域があるという気がした。母親に対する典雅な憤りが、きわめて屈折した形で、全面にわたって描かれていたからだ。おそらくジョスリーンと母親の間にも、必ずしも性的なこととは限らないが、何か深刻な事件が起きていたに違いない。僕はそう考えてみたが、それは見当のつけようのない問題だった。

　とはいうものの、ジョスリーンから個人的な憎悪確執の話を聞かされたことで、『デュニア』というフィルムをめぐる僕の理解に強力な補助線が引かれたことも事実だった。このフィルムの主人公は、母親への反発から大学で文学研究を志すことになった女子大生である。彼女は性的欲望と肉体的反撥の相克に悩み、ある時、これまで拒否してきた舞踏の世界に足を踏み入れる。そこで彼女は自分の母親が伝説的なベリーダンスの名手だったと知る。母親を崇拝してやまない舞踏教師のもとで修業を続け、最後に神秘的な霊感に到達する。あたかも天空に問いかけるように踊り続け、恍惚とした感情に見舞われる。ジョスリーンはこの物語を通して、無意識のうちに母親との和解の手立てを探っていたのではないかと、僕は想像してみた。

のんびりとしたパリ滞在だったが、やがて帰国の時が迫ってきた。僕は以前に勤務していた大学とは別の大学で、新しく講義を持つことになった。準備のためにはパリをそろそろ引き揚げなければならない。人生の日曜日は終わったのだ。これからは以前と同じように、日本の組織のなかで退屈な時間を過ごすことになるだろう。

パリを発つ前日、僕はジョスリーンを最後に訪れた。彼女はイスタンブールでのインスタレーションの個展を終えて、パリに帰ってきたばかりのはずだ。だがチャイムを押して部屋のなかに入ってみると、ジョスリーンはすでに一週間も前に戻っていた。急に体調が悪くなったので、慌てて予定を切り上げ、パリに引き返したのだという。

イスタンブールに到着した直後は何もなかったのよ。それが二、三日して突然に軀がだるくなり、前の日まで平気だったホテルの階段が、辛くて上れなくなってしまった。自分が宙に浮いているような感じがし出して、そんなことは以前にはなかったことだから、急に不安になった。展覧会は出だしもよかったし、順調だった。だから事情を話して講演を中止し、戻ってきたのね。そうしたら病院で、ミエロマトーズだと診断されたのよ。

ミエ……？　聞いたこともない単語。ギリシャ語が起源？　僕のフランス語のレベルでは太刀打ちできない専門用語だ。

ミエロマトーズ。つまり血液に癌が発生しているのだと、医者はいったわ。骨髄のなかに癌細胞が巣食っていて、少しずつ増殖している。血液がちゃんと作られなくなり、慢性的な貧血状態に陥ってしまう。白血球が少なくなると感染症に罹りやすくなるし、免疫機能が低下してゆく。わたしの場合には、もう腎臓が大部傷んでいるから、これからは塩気のある食べ物はいけないって、みごとに宣告されてしまったのよ。

それって、どうやったら治るのだろう?

治らないのよ。最後は死んでしまうのだけど、死ぬまでの時間を少しは長くできるかもしれないって。でもどっちみち、わたしはもうすぐ死んでしまう。

僕は一瞬、言葉を呑んだ。初めて耳にする病名にも当惑したが、ジョスリーンの口から死という言葉がすらりと出てしまったことに驚きを感じた。もうこんな言葉を聞いてしまったらこれから先、今までと同じように気楽なお喋りなんかできなくなってしまうじゃないか。ジョスリーン、なぜそんな言葉を口にしてしまうのだい?

だが彼女は涙することも声を荒げることもなく、ただ病院で医師から与えられた言葉を繰り返した。

それから宣言した。

だからわたしは決意したのよ。わたしはこれから最後の映画を撮る。どんなに軀が衰弱しようとも、絶対に映画を撮る。それは母親と娘の和解を描くものになるはずよ。

パリの六月はいつまでも陽が沈まない。ジョスリーンの家で簡単な夕食をとり大通りに出ても、まだ外は明るかった。こういう時は大概、モベール広場を抜けて少し坂を上ったところに二、三軒並んでいる名画座の看板を見て、気に入ったフィルムの館に入るのが僕の流儀だった。けれども今夜はパリで最後の夜だ。何か別のことをしてみたい。

　僕はセーヌ河の岸辺のアパルトマンの前まで歩いてきて、ふとレピュブリック広場を訪れてみようと思い立った。この春から広場では毎日のように集会が開かれ、労働者の最低賃金基準や外国人労働者の滞在権をめぐって、広場のあちこちで即興的に人々が集まり、活発な議論が行なわれている。以前にも一度、俳優のヨシ・オイダに誘われて広場を訪れ、偶然にもそうした光景に立ち会ったことがあった。帰国前にもう一度、その現場を覗いておきたい。そう思った僕は、ライトアップされて大勢の観光客に囲まれている大聖堂を見上げながら、橋の手前で地下鉄に乗り、ストラスブール＝サン＝ドニまで行った。

　サン＝ドニの大通りは、昼間から娼婦が手持ち無沙汰に立っていたりするところだ。この大通りに立って東にしばらく歩いて行くと、少しずつ雰囲気が変わってくる。路上のわきに青や白のテントがいくつも並んでいる。レピュブリック広場ではあちらこちらで集会が行なわれていた。路上は落書きだらけで、よく見るとそれはウィットに満ちた政治的アフォリスムであったりする。学生たちだけで円陣を作り、深刻な表情で討議をしているところもあれば、いかにも移民労働者らしきアフリカ系の青年たちと学生が混じりあって、交互に宣言らしきものを読み上げているところもある。エジプトの国旗が掲げられ、音楽が流されていた。路上にはたくさんの写真を掲載した大きなパネルが立てられていた。この国は「アラブの春」に失敗した国だった。三〇年近くも続いたムバーラク政権が倒れたと思いきやクーデターが起こり、ふたたび強権体制に戻ってしまった。提示されていたのは、その政権によって殺害された人々の映像だった。傍らの街路樹には、「革命は続く」と記された垂れ幕が掲げられている。エジプト……ジョスリーンを勾留し、国外追放に処した国。

茫然とした気持ちでパネルを眺めていると、一人の青年が近づいてきて、フランス語とアラビア語で記されたビラを渡してくれた。空が少しずつ暗くなり、もうすぐ長かった一日が終わろうとしている。

明日はもう日本だ。だが東京に戻って僕は何をするというのだろう。あの都市に人格がないように、僕もまたたちどころに人格を失ってしまう。東京のどこに、虚無を前にした直向《ひたむ》きの情熱があるというのだろう。

2

わたしはナクバの年に生れたのよ。

生年を訊ねられると、ジョスリーンはいつもそう答えた。アラビア語で大厄難という意味である。それは一九四八年、シオニストが国家《エレツ》イスラエルの成立を宣告し、ただちに周辺国が巻き込まれて、第一次中東戦争が勃発した年だった。現在にまで続くパレスチナ難民問題は、この年に発生した。

サアブ（صعب）とは父方の姓である。綴りこそ違うが、発音だけでは、صعب、つまりアラビア語でいう困難と同じになる。母方の姓はメズヘルで、これは花を咲かせる者という意味だ。ジョスリーンは子供の頃、サアブの姓が好きになれず、大きくなったら何とか変えてみたいと思っていた。だが『千夜一夜物語』の船乗りシンドバッドの冒険の物語に、「もしも自分に与えられた名前を不心得にも変える者がいたとしたら、その者は荒れ狂う嵐に立ち向かうこともできず、未知の世界を発見することもできまい」と記されているのに出会い、改姓を諦めたという。

サアブ家はベイルートでは一五〇年の歴史をもつ名家であったが、遠い先祖を訪ねると、どうやらイエメンのベドウィンであるらしい。この姓は宗教を問わず、キリスト教徒にも、イスラム教徒にも、さらにユダヤ教徒にも一般的に見られる。とはいえ、困難という姓の下に生れついた人間は、いったいその偶然から何を受け取るものだろうか。僕にはまるで荒れ狂う嵐のような苦しみをひとたび受け容れ、それに立ち向かうことが彼女の運命であるように思われてくる。

　わたしの住んでた家はまるで博物館のようだったわ。ジョスリーンは父方の祖父の屋敷を思い出しながら、僕にいったことがあった。

　祖父はいつも、自分たちがフェニキア人だといっていた。お祖父ちゃん、もうフェニキア人なんて、二千年も前に消えてしまったのよ。今、レバノンに住んでいるのは、アラブ人とか、ベドウィンとか、ギリシャ人とか、トルコ人とか、それこそこの土地を通過して行った何十もの民族の雑種でしょ。だがジョスリーンがいくら説明したとしても、祖父は自分がアルファベットを考案し、植民都市カルタゴを経営していた誇り高き民族の裔《えい》であることを譲らなかった。彼はせっせと遺跡を歩き、骨董屋に出入りし、フェニキア時代からギリシャ時代までの彫刻の破片を集めてきては、屋敷の奥に設けた特別室に陳列していた。両大戦間のレバノンはフェニキア・ブームで、素人のための遺跡発掘の入門書が刊行されるほどであった。おそらく祖父の心中にあったのは、オットマン帝国の軛《くびき》からは逃れたものの、フランスの統治下に置かれてしまった祖国への尽きせぬ念であったはずである。

　書斎の中央を占めていたのはエジプトの石棺のレプリカで、その脇には中国の大きな壺が置かれていた。机の抽匣《ひきだし》にはフェニキアの、さまざまな光沢をもった宝石が、一つひとつ、小さな化粧箱のなかに仕舞われていた。誰かがジョスリーンに、石棺のなかには美しいエジプトの少年の遺体が眠っていると吹き込んだ。幼い少女は深夜、こっそりと祖父の書斎に忍び込み、石棺を持ち上げようとした。もっとも彼女はその重さに恐怖を感じ、気後れしてしまった。そこで代わりに壺の蓋を外し、中を覗いてみた。長いこと底の方に閉じ込められていた空気の、不思議な匂いがした。

屋敷はベイルートの市街全体を見下ろす丘陵の中腹、エミル・アブデルカデル通りにあった。さる昔にオーストリアのフライゲ公爵が、愛人であった皇女をベイルートに迎えようとして建てたヴェネツィア様式の邸宅で、三つの拱門《アルカード》を持ち、三階からなっていた。どの階からも、ジャカランダの植え込みのある庭園へ出られるようになっていた。一階の大広間は、天井まで一三メートルもの高さを誇っていた。もっとも皇女が到来することはなかった。屋敷はその後、オットマン帝国の中央から派遣された歴代提督の公邸となった。二〇世紀の初め、帝国の威信が墜ちたころ、それを祖父が買い上げ、サアブ家の屋敷とした。赤い屋根の邸宅は、遠くからでもはっきりとわかった。

客間の壁はオットマン様式に統一されていて、歴代の提督の肖像画と紋章で埋め尽くされていた。幼いジョスリーンは、長椅子に横たわり、いつまでも彼らの肖像を眺めて暮らした。しばらくして文字を覚えると、母親の書斎に行って、歴史物語を読む愉しみを知った。

大広間の壁にはロシアの大草原を描いた巨大な絵が掲げられていた。かつてツァーに仕えていた海軍将校がベイルートに亡命してきた時、後生大事に携えてきたものだった。ジョスリーンが子供の頃、周囲にはロシアから逃げて来た貴族や高級軍人が少なからず存在していた。彼らは一様に零落の生を強いられていた。ジョスリーンの初恋の相手は、落ちぶれた提督とソ連大使館付きの女性通訳との間の息子だった。だがいかなる運命の皮肉か、彼は長じてソ連に渡り、モスクワ大学医学部に進学した。

サアブ家は代々、マロン派の信仰を保持してきた。シリアの聖人マロンに起源を発し、レバノンの地がイスラム教徒の手に落ちてからも、山岳地方において独自に生き延びてきたキリスト教の一宗派である。マロン派は長らく孤立していたが、十字軍が到来するとただちにそれを歓迎し、教義をローマ教会のそれと同一のものに調整した。レバノン史の研究者は、この事件が発端となってこの地におけるイスラム教徒とキリスト教徒の反目が開始されたと説いている。現在のレバノンには、ギリシャ正教をはじめ、アルメニア正教からローマ・カトリックまで、さまざまな宗派のキリスト教徒が存在している。マロン派はそのなかでも人口の三割を占め、政財界から芸能界にいたるまでに重要な地位をしめている。レバノンの社会的統合のため、歴代の大統領はこの派から選ばれるというのが慣例とされていた。

ジョスリーンは僕にむかって、わたしは一度も真面目なキリスト教徒であったためしがないわといっていた。とはいえ家系的にいうならば、父方はマロン派であり、母方はギリシャ正教である。次女である彼女の出生は、聖マロンを信奉する者として届けられた。母親が強く主張したおかげで、小学校は地元ではなく、わざわざアシュラフィエの丘にある、とりわけ躾《しつけ》の厳しいミッションスクールに通うことになった。毎日、朝になると、小学校の送迎バスが丘陵を登ってやって来る。レバノン最初の大統領、ビシャラ・アルフリの邸宅の近くを曲がるとサアブ家の前に現れ、ジョスリーンを学校まで運んでいく。午後二時になると、同じバスが彼女を屋敷に戻しに来る。同い年の子供たちの家に遊びに行くようになったジョスリーンは、そのたびごとに、どうして自分の家は他のレバノンの伝統的な家と違って、赤い屋根なのだろうと不思議な気持ちに襲われた。

ジョスリーンは父親《パパ》の話を好んでした。というよりも何か別のことについて話していても、それがいつの間にか父親の思い出を引き出してしまい、ひとたび父親の話となってしまうと、シエラザードの語りのように、次から次へと信じられないような物語が紡ぎ出されていく。聴いている側が思わずその真偽を確認したくなるような、波瀾万丈の世界が開示されてしまう。

ジョスリーンはいった。まず父は牢獄のなかで生れたの。それには理由があって、祖父がオットマン帝国打倒のため、一大船団を組織し、地中海を廻りながら、反帝国の同盟国のため食糧を供給して廻っていたからだった。怒った帝国の官憲は、妊娠中の妻を人質にとり、獄舎に繋いだ。彼女はそこで次男である父を出産したのである。

父は一家の長男である兄と折り合いが悪く、一四歳で屋敷を飛び出した。おりしもイギリスがバグダッドとテヘランを繋ぐ道路を建設中だったので、両国の境界に赴き、トラック運転手として雇われた。もとより利発なところがあったのだろう。彼はたちまちのうちに道路建設の手順を理解し、イギリス人に重宝された。

ある時イギリス人の技術者たちがクルド人の攻撃を受け、何人かが拉致されてしまった。父は、自分はクルド人と同じく土地の者だから任せておいてくれといい、身代わりとなることを自分から提唱した。クルド人の山賊（反植民地主義ゲリラ）が立てこもる洞窟のなかで過ごした三か月の間、彼は木の実を砕いた粉を小麦粉代わりにして料理を拵えたり、さまざまな生活物資を考案して、クルド人に感謝された。ある時クルド人たちが他の物資輸送隊を襲いに出かけていった。父は隙を見て逃走した。イギリス人たちはこの事件以来、父への信頼をいっそう篤くした。アメリカからブルドーザーが運ばれるに到り、道路工事はめざましく進展した。

　父は家族への思いが積もると、バスラやモスルといった町から人を介して、枝付きのナツメヤシを送った。ナジャフ、キルクーク、スレイマニエ、テヘラン、イスパハン、シラーズ……一仕事を終えてベイルートの屋敷に戻ってきた時、彼の口から洩れる未知の都市の名前を、六歳の少女は恍惚とした気持ちで聞いていた。小学生だった彼女の鞄のなかは、父のお土産であるコルクでいっぱいだった。彼はいたるところにコルク樫が生えている村で、道路建設に従事していたのである。

　ジョスリーンはさらに話し続けた。父はマロン派のキリスト教徒だったが、まるでムスリムのように深々と礼拝をした。キリスト教徒とイスラム教はどう違うのと尋ねると、にこにことした顔で、世のなかには信じている人と信じていない人がいるという違いしかないのさといった。いったいいくつの言葉を話せたのだろう。アラビア語、英語、ペルシャ語……まったくの独学だったが、インドと中国のいくつかの地方語。それからマレー語、ラオ語……道路建設が終わると父は、イギリス人が見捨てた金鉱を探しにラオスへ向かった。ちょうどベイルートで『帰らざる河』が封切られた頃だ。わたしは姐《ねえ》やといっしょにこの映画を繰り返し、繰り返し、五回も観てしまった。わたしの想像のなかで、父は筏を組んで河を下り、金塊を町に運ぶという大役を担っていた。河の流れは激しさを増し、襲いかかる山賊たちは獰猛《どうもう》きわまりない。だが父は困難にもかかわらず、無事に金塊を送り届ける。

ラオスの金鉱の話ははたして本当だったのだろうか。別の時ジョスリーンは、自分は子供のころに確か父に連れられてラオスに行ったことがあるといった。またずっと後になって、息子が五歳になった時、父の足跡を訪ねてラオスを訪れたのだが、ついに金鉱の場所を突き止めるにはいたらなかったともいった。金鉱を発見したのはインドで、父はそれを洞窟のなかに隠しておいた。そんな話もした。ベイルートにいる婚約者をシトロエンに乗せ、ダマスカスまで行ったものの、車が運悪く故障したので、結局インドの洞窟までは辿りつけなかった。その婚約者は金塊に釣られて父と結婚し、わたしの母になったのよ。

いったいどこまでが本当の話で、どこからが空想物語なのか、僕には咄嗟に判断ができない。落ち着いて考えてみれば、ラオスに金鉱を求めて行く西洋人がもしいたとしても、それはイギリス人ではなく、この地方を当時保護国としていたフランス人である可能性の方が高そうだ。そういう気がしなくもない。とはいえジョスリーンにとってはインドシナ半島こそが父親が放浪した場所として、夢想の特別の空間だった。思うにそれは、後に彼女に『マダム・サイゴン』というドキュメンタリーを撮らせる動機となったのではないだろうか。

ガンジーの話はもう少し信憑性がありそうである。ジョスリーンの父はガンジーの非暴力主義に敬意と共感を抱いていて、インドにいた時、彼がある町で講演をするという噂を知り、恐ろしく長い距離を徒歩で踏破し、講演に駆け付けたという。インドでは満天の星を戴いて、路上で眠るということも、珍しいことではなかった。朝に起きてみると、自分が眠っていたすぐ側まで水が押し寄せて来ていたこともあったという。

ジョスリーンはいった。だからわたしの最初の英雄は父で、二番目がガンジーなのよ。

母親はどうだったのだろうか。ジョスリーンは母親に対しては、父親に対して抱いていた素朴な讃嘆の気持ちを抱いていたわけではなかった。というよりも、話の端々から窺うに、娘として相当に屈折した感情を抱いていたように思われる。父親が不在ゆえに「よき対象」として想像されたのに対し、母親はつねに眼前に現前して支配と抑圧を司っていることもあって、ジョスリーンが生来的に内側に抱え込んでいたヴァルネラビリティ（攻撃誘発性、やられやすさ）を誘導してやまない「悪しき対象」に他ならなかったという印象がある。

ジョスリーンには姉がいたようである。ようであると書いたのは彼女が明言を避けていたからで、姉はある時期にベイルートを見限り、カナダに渡って骨董屋を経営していると聞いた。きっと没交渉なのだろう。ジョスリーンはそれ以上は何もいわなかった。

ジョスリーンは母親が二二歳の時に産んだ次女であった。日本や韓国のような世俗化された儒教文化圏では容易に推測のできることであるが、おそらく事情はアラブの名家でも同じであろう。

こうした場合、母親は次女の誕生を失望をもって迎えることが珍しくない。またしても男子を産むことができなかったという悔恨が、婚家における彼女の地位に大きく響くことだからだ。サアブ家も例外ではなく、母はジョスリーンを姐やに任せきりで、その存在につとめて無関心たろうとしていた。母は躊躇《ためら》いなく娘を自分の両親の家に預けると、屋敷のある丘陵地帯に戻って行った。元大統領官邸をはじめ、高級な邸宅と各国大使館が林立しているあたりの社交界へ、嬉々として回帰して行ったのだ。弟と妹が生れた時にも同じ処置がなされた。

母方の祖父母の家は富裕な商人で、アレンビー通りにフランス風の瀟洒な洋装店《ブティック》を開いていた。アレンビー通りは東京でいうならば、さしずめ戦前の銀座だろうか。お得意は黒衣で全身を覆った女たちで、彼女たちは店の椅子に座ってカルダモンの入ったコーヒーを飲みながら、祖母といつまでもお喋りに耽っていた。少女時代が終わるまで、ジョスリーンは服を他所《よそ》で買ったことがなかった。彼女の服はブラウスからロングスカートにいたるまで、すべて祖母が（イタリア風の断ち方で、裾を長く伸ばし）作ってくれた。祖母は祝祭の日が近づくと聖母を描いた画布を取り出してきて、店のショウウィンドウに飾った。けして洗練された絵柄ではなかったが、それは正教徒としての彼女の信心の深さを物語っていた。

ジョスリーンはこうして十歳までを洋装店の二階で、大人しくも夢見がちな少女として育った。彼女は近視だったが、十歳になるまでそれに気付いた大人たちはいなかった。しばらくして初潮が訪れた時も、彼女は実の母親には何も報告しなかった。ただ物心つかぬ以前から自分の面倒を見てくれている姐やにだけ、自分に起こった異変をこっそりと話した。母親が女としての肉体を携えて自分の内面に踏み入ってくることを怖れ、警戒したからだった。

　やがて自分を実の娘のように育ててくれた姐やは結婚し、彼女のもとを去った。ジョスリーンは賑やかなアレンビー通りのブティックを出て、丘の中腹にある父方の邸宅へと移ることになった。

　思春期に差しかかろうとする少女にとって、こうした環境の変化は大きな意味をもっている。中学に進んだジョスリーンは、これまでの内気さが反転して、かなり反抗的なところのある少女に変身を遂げていったようである。クラスでは「進んでる」という評判をとった。彼女は復活祭のおりに福音書の暗誦を拒み、校長《マザー》から強く叱責された。公開の教理問答の期間中は、仲良しのイスラム教徒の同級生といっしょにトイレに隠れ、身を潜めていた。ボーイフレンドのサーシャといっしょに映画館に『第三の男』を観に行き、はじめて彼に手を握られた時には、嬉しくて仕方がなかった。彼女の相次ぐ「悪行」についにマザーは折れ、あなたは頑固で強い、人の上に立派に立てる人ですねと、奇妙に褒めてくれることになった。ミッションスクールの規則が嫌で、世俗の、「町の人たち」の中学校へと転校していく同級生たちが無性に恨めしかったというのも、この俄か不良少女時代のことである。

　ここでジョスリーンが一四歳の時に起きた出来ごとについて、彼女が説明した通りをそのまま書くことにしたい。他人の目には微笑ましいことのように見えたが、それは実は深刻な事態の始まりであった。彼女と母親との間に生じようとしていた齟齬《そご》が、もう二度と引き返すことができなくなるほどに決定的となった象徴的事件だった。

ブリジット・バルドーの大ブームが、ベイルートに到来した。

男も女も、とにかく町中の人々が「ビキニの裸女」に夢中になった。この神聖なお転婆娘。裸で御免なさい。素直な悪女。可愛い悪魔。「オリエントのパリ」と呼ばれ、一日の間に山頂でスキーを、海岸で水泳を愉しむことができる観光地として喧伝されたベイルートはこのブームを歓迎し、ビーチにはビキニの女性がズラリと並んで、地中海の太陽を満喫していた。ジョスリーンが憧れたのはバルドーの黒白チェックのスカートだった。

四月三〇日には、もう気分はほとんど夏といってよかった。ジョスリーンはクラスメートたちから、何の予告もなく、いきなり誕生日のプレゼントとしてビキニの水着を受け取った。クラスのほとんどがすでにビキニを持っていた。当然、その日の午後は、全員がビキニに着替えてビーチに出陣ということになる。砂浜で遊び疲れた後は、丘のさらに上の方に住んでいるニコルの家で、ドーナツ盤大会が待っていた。ニコルは毎週のヒットチャートを残らず調べていて、レコード屋であるかぎりのドーナツ盤を買い求めると、自宅に同級生を集めて自分のヒットチャートを発表するのが好きな女の子だった。ジョスリーンはひとたび屋敷に戻り、もらったばかりのビキニを水洗いし、露台《バルコン》の椅子にかけると、勢いよく出て行った。夕方になっていたので、門番の目を掻い潜らなければいけなかった。

ニコルの家にはすでに何人ものクラスメートが集まっている。ハリー・ベラフォンテの声を聴いていると、もうブラジャーも何もかも投げ捨てて、どこまでも駆けだしてみたいという気持ちになった。ジョスリーンはこの夜、アダモの「雪が降る」を聴きながら、はじめてチークダンスを体験した。
深夜、門番に見つからないように、こっそりと屋敷に戻り、自分の部屋から露台に出たジョスリーンは、薄暗がりのなかで驚くべき光景に出くわしてしまった。椅子に掛けて干しておいたビキニが、鋏でズタズタに切り刻まれ、コンクリートの床に投げ捨てられていたのだ。母親の仕業だった。彼女は娘が性的な肉体を少しずつ露わにし、自由と快楽へと一歩ずつ近づこうとすることを、許すことができなかったのである。

もっとも母親の立場からすると、見たこともない過激な水着にびっくりし、ご近所の手前もあってそれを露台に放置しておくことはできなかったのだろう。とはいえこの事件はジョスリーンの心に、けっして癒すことのできない傷を残した。だが、さらに追い打ちをかけるようなことが起きた。その後バルドーの映画を観て、すっかり彼女を気に入ってしまった母親は、娘に残酷な仕打ちをしたことなどすっかり忘れてしまい、堂々とビーチでビキニを満喫するようになったのである。

ジョスリーンにとって母親とは同性でありながらも、最初に対決を迫られた〈他者〉であった。姐やに育てられた彼女は、母に親密感を感じることなく成長した。母は大柄で豊満であり、娘が所有していないすべてのものを所有しているかのように見えた。ジョスリーンは自分が母に比べてはるかに貧弱な肉体をしていることに劣等感を覚えた。と同時に、ベイルート中のアーティストを屋敷に招き、パーティの女王として君臨する母の姿にも強い羨望を感じていた。夜ごとに丘の上の邸宅で開催される大使館員たちのパーティで、彼女は文字通り、陽気で艶やかな花を演じていた。その一方で母は朝になると松林に颯爽《さっそう》と馬を走らせ、昼はビキニを着て海辺でサルトルを読んでいた。母は文字通り〈星〉だった。

一四歳の娘は母の書斎の本棚からサルトルやサガンをこっそりと抜き出して、頁を捲《めく》ってみたが、どうしても彼女に到達できないことを知った。だったらわたしはもうママをモデルにはしない。代わりにパパをモデルにする。彼女はそう心に誓い、大学では行きたくもなかったが、経済学部に進もうと決めた。ここで思いがけぬ困難が生じた。彼女はバカロレア、大学入学資格のための試験に落ちてしまったのである。

当時のベイルートでは富裕なキリスト教徒の子女が通う学校では、しばしばフランス人教師によって徹底したフランス語教育が行なわれていて、「ラ・マルセイエーズ」を朝礼の際に合唱させるところもないわけではない。ジョスリーンも小学校の時から一貫してフランス語の教育を、というよりフランス語で教育を受けてきた。ところが、それが裏目に出た。バカロレアで求められたのは、『コーラン』もしくはアラブ古典詩の暗誦であったのだ。キリスト教徒として育てられたジョスリーンには、『コーラン』はまったく縁のない書物である。そこで嫌々ながらアラブ古典詩の方を選んだのだが、ＴＶでシャヒーン演出の連続ドラマに夢中だった彼女は、古典詩の準備をまったく怠っていたのである。そこで思い切って母親に、パリに出て演劇か映画の勉強をしたいといったところ、たちまち激しい怒りに見舞われることになった。もっと真面目なことに熱中しなさいというわけである。ジョスリーンは不服だったが、古典詩の勉強をやり直さなければならなかった。面白くないので、家の車寄せに停めてあった自動車を勝手に乗り回し、友人たちを何人も乗せて、町外れまで「すっ飛ばして」行った。誰もが驚いていた。自動車とはどの家でも運転手に命じて運転させるものであって、ジョスリーン本人がハンドルを握るなどとは想像もしていなかったからだった。翌年、彼女は無事にセント・ジョゼフ大学経済学部に進学した。一家はこれでお転婆娘も落ち着くだろうと、まずは一安心した。

大学「浪人」中に多少なりとも詩的言語に親しんだことは、大きな時間のなかで考えてみると、ジョスリーンにとってよかったことかもしれない。入試の失敗から四〇年以上も後になって『何が起きてるのか?』という長編劇映画を撮ることになった時、それが思いがけない恵みをもたらしたからである。この神秘主義的直観に満ちたフィルムのなかでは、一人の青年が、ベイルートを仰ぎ見る岩山の深奥に人知れず眠っている〈子宮〉に到達しえた時、はじめてこの破壊された都は再生の契機を得ることだろうという託宣を受ける。村上春樹とともにイナヤ・ジャベールやイッサ・マフルーフといったレバノンの現代詩人の作品が引用され、作品に典雅な陰影を与えている。

一九六七年、一九歳のジョスリーンは、セント・ジョゼフ大学で予想していなかった世界の拡がりを知った。彼女はジョルジュ・ブラッサンスとルイ・アラゴンを発見し、シュルレアリスムの画家たちに魅惑された。ロッセリーニからベルイマン、ブレッソン、トリュフォーまで、映画の芸術的可能性に目覚めた。とりわけチェコスロヴァキアの女性監督、ヴェラ・ヒティロヴァの『ひなぎく』に、これまで体験したことのない映画的衝撃を受けた。ちなみに後に僕に語ったことであるが、二〇〇九年になって彼女はさる国際映画祭の会場で、八〇歳のヒティロヴァに出会うことが出来た。その時にも、かつて観たフィルム同様、人間としての彼女の活力に満ちた存在感に強い感銘を受けたという。わたしは何もかもを急いで吸収しようとして、いきなり高いところに登りすぎてしまい、もう少しで元いた雲のなかに墜落しそうになったのよと、ジョスリーンは大学生活の始まりにあたって感じた知的興奮を、そう回想している。

だがこの年から翌年にかけて彼女が体験したのは、芸術的な開花ばかりではなかった。一九六八年とはパリで〈五月〉が生じた年であり、学生による異議申し立てが全世界的に燃え拡がった年でもあった。ベイルートの大学生はキューバ革命を支持し、硬化したレバノン共産党の再生を祈願した。ヴェトナム反戦運動とヒッピー・ムーヴメント。四年前にパレスチナ代表として承認されていたＰＬＯは、ここに到って対イスラエル武力闘争をしだいに激化させていた。ジョスリーンは学友たちが次々に政治化していくのを知った。ガンジーの非暴力主義を素朴に信奉していた彼女もまた、政治の洗礼を受けた。マフムード・ハムシャリやエリアス・サンバールといった、アクチュアルな活動家知識人の著作を読み始め、それまで意識もしていなかったパレスチナ難民の苦痛に眼差しを向けるようになった。ちなみにハムシャリはゴダールのヨルダンへの撮影旅行に同行し、一九七三年にパリで爆弾に倒れ、翌年死亡した。またサンバールはパレスチナの詩人ダルウィーシュの翻訳者で、後にユネスコでパレスチナ代表を務めている。

そしてこの一九六七年の六月、突然にベイルート上空にイスラエル機が到来し、第三次中東戦争が勃発した。ベイルート空港がただちに襲撃された。

ラ・ドルチェ・ヴィータ、甘い人生はこの時をもって終わったのよと、ジョスリーンは語った。

僕はこれまで彼女とその両親を中心に話を進めてきたが、ここで中東情勢の流れのなかで彼女がいかに戦争を体験してきたかを記しておこうと思う。

一九五六年、第二次中東戦争が始まった時、ジョスリーンが小学校への送迎バスの窓から見たのは、街角がみるみる青く染め上げられていく光景だった。官庁の窓も、走行中の自動車の窓も、抗議のため青一色になり、その上の空を飛行機の爆音が襲った。彼女が記憶しているのは、祖父が外国の短波放送が語るパレスチナ情勢に、熱心に耳を傾けていた姿である。

一九五八年にはレバノン国内でキリスト教徒とイスラム教徒の対立が激しくなり、夜になると数分に一度はどこかから銃声が聞こえてくるようになった。一〇歳のジョスリーンはアレンビー通りの母方の家からお屋敷町の父方の邸宅へと越してきたばかりで、恐怖のあまり、ただ懸命に数字を数えていた。キリスト教徒側が撃った砲弾は屋敷を飛び越え、イスラム教徒の地域であるバスタの丘へと落ちていった。一度だけだったが、誤って発射された砲弾が屋敷の正面の門に命中し、薔薇模様をあしらったステンドグラスの拱門《アルカード》を破壊したことがあった。小学校の教室には一人だけムスリムの少女がいて、祈禱の時間になるといつも居心地の悪そうな顔をしていた。彼女がその時間になるとトイレに駆け込むのを見たジョスリーンは、いっしょにトイレに入り、小説に読み耽った。まるでひとつの国のなかに二つの国ができたようだったわと、彼女は僕にいった。ほどなくして一家はビブロスの山中に疎開することになった。誰もが慌てて身の回りのものを鞄に詰め、自動車に乗り込んだ。ただ一人、母親だけがわざわざ装身具を身に着け、外出用の特別な黒いスカートを履いてきたのを、ジョスリーンは違和感をもって迎えた。ほどなくしてアメリカの海兵隊がベイルートに上陸した。

　わたしが生れた一九四八年。小学生だった一九五六年。大学一年だった一九六七年。どうして戦争はいつもわたしの後を追いかけてくるのか。ジョスリーンは思った。友人の中には護身用にリヴォルヴァーを携帯する者が出てきた。だが、わたしは武器をとらない。わたしはただカメラを唯一の武器として、戦争を追い詰めてやるのだ。彼女はそう心に誓った。二〇歳になる数日前、彼女はファタハのパレスチナ・レバノン宣言に署名した。母親が旅行代理店の若き経営者との結婚話をもちかけてきた時、彼女はにべもなくそれを撥ね退け、夜に映画館に独りで出かけて行き、ゴダールの『ウィークエンド』を観て大笑いした。このフィルムは、まさにこの時の彼女の精神状態に似合っているように思われた。

　映画とポップソングへの熱狂。小さなラジオ局でディスクジョッキーをすることになった彼女は、自分のお気に入りのシングル盤を片っ端からターンテーブルに載せ、お喋りを開始した。ビートルズ、ローリング・ストーンズ、ピンク・フロイド、ジャニス・ジョプリン……番組の最後にはフランスの通信社からの速報と称して、世界情勢のニュースを流した。彼女はこの番組に、「有袋類は青い眼をもつ」という、あえてノンセンスな題名を与えた。番組は一年ほど続いたが、風紀を乱すような放送は困るとディレクターがいい出し、ジョスリーンは録音スタジオを締め出された。そこで彼女は観光ガイドをして得た貯金を崩し、初めてパリとロンドンへ行った。マリークワントのピンクのスカートを履いてカーナビー・ストリートを闊歩し、ワイト島のロック・

フェスティヴァルに参加した。もう自分に過去など存在しない。これからは何でも新しいことができるのだ。心はつねに昂揚感に満ちていた。

一九七〇年、セント・ジョゼフ大学を卒業した彼女がベイルートの新聞社に就職し、やがてパリのＴＶ局に移って、レポーターとしてアラブ世界の報道番組を担当するようになったことは、先に記した通りである。その多忙な日々のなかで彼女は「レバノンにおける新聞の自由」という論文を提出し、パリ大学ソルボンヌ校で学位を得た。ＴＶでは報道番組の他に、ダリダやメルクーリ、ブレルといったシャンソン歌手のインタヴューも手掛けた。この頃、彼女はフランスの公共放送の画面で不用意にアラブ訛りを出さないようにという配慮から発音矯正を受けた。Ａという母音をより鋭くし、Ｒをアラブ風に巻き舌にはしないようにするといったことである。ベイルートとパリを往還する生活が日常となった。彼女はベイルートでは難民キャンプを訪れ、難民の帰還権について熱心に語り合い、パリではホテル・エクセルシオールのディスコから初めてカヴ・デュ・ロワ、ステレオクラブへと移り、一晩中踊りあかした。

一九七五年四月、これまで平和だと思われていたベイルートの街角に突然、黒覆面をしたキリスト教右派の民兵たちが出現し、パレスチナ難民の乗っているバスを襲撃するという事件が生じた。この事件を契機にベイルートは東と西、つまり（いささか単純な表現になるが）イスラム教徒側とキリスト教徒側に分裂し、互いの民兵たちが血で血を贖《あがな》うほどの虐殺を続けた。日本でも上映されたズイアド・ドゥエイリのフィルム『西ベイルート』は、８ミリ好きのキリスト教徒の少年が、この分断のせいで級友を失い、家庭の崩壊に立ち会ってしまうまでを描いている。

ジョスリーンもまたこの事件を契機として、ベイルートの定点観測者たらんと覚悟を決めたようだ。二六歳のジョスリーンはパリのＴＶ局を退職し、フリーのドキュメンタリー監督としての道を歩むことになった。レバノン社会のなかで内部対立が深刻化し、南部ではパレスチナ・コマンドとイスラエル軍が熾烈な戦闘を行なっている。翌年四月にはパレスチナ難民がファランジストによる一斉射撃を受け、六千人が殺害されるという、アイン・エル・ラッマナー事件が生じた。以後、一五年にわたって続くレバノン内戦の始まりである。

ジョスリーンの最初の長編ドキュメンタリー『苦しみのレバノン』（一九七五）は、この虐殺の原因を究明するため撮影された。人をして歌を歌いながら同胞虐殺へと導いていく力とは何なのか。きわめて小予算のもとに撮られたこの作品は、幸運なことにドーマンによって配給され、パリで一般公開がなされた。「ル・モンド」をはじめ少なからぬ新聞雑誌が評価し、アラブ批評家賞を受けた。新人監督としてはきわめて恵まれた出発であった。続いて彼女は短編『戦争の子供たち』で、海岸で二派に分かれ、内戦ごっこをして遊ぶ子供たちに取材し、彼らがクレヨンで描いた絵画を分析的に取り上げる試みを行なった。僕はこの短編を観た時、日本文化会館で自分が戦艦大和や零戦のプラモデルに夢中だった少年だったことについて講演したことを思い出した。聴衆の一人としてジョスリーンは何を考えていただろうか。

続く一〇年間、ドキュメンタリストとしてのジョスリーンは、きわめて精力的な創造活動のさなかにあった。彼女は『二度と見れないベイルート』（一九七六）、『ベイルートからの手紙』（一九七八）、『ベイルート、わが都』（一九八二）という三部作を通し、うち続く破壊に耐えるベイルートをめぐって、証言者として振る舞った。『サハラは売り物ではない』（一九七七）ではモロッコ軍の侵略に抵抗して砂漠で武装闘争を続けるポリサリオ解放戦線に密着取材し、彼らの主張と現実をカメラに収めた。ホメイニ革命が勃発すると、日本のNHKの依頼を受け、ただちに現地に飛んで、『イラン、前進するユートピア』（一九八〇）を撮り、いくつかの国際的な賞を受けた。その一方で彼女は、『偽証者』の撮影のためベイルートを訪れたシュレンドルフのもとで助監督となり、劇映画の演出を学んだ。

シュレンドルフの現場ではアラビア語が話せるスタッフは彼女一人だった。ブルーノ・ガンツ主演のこのフィルムではどこまでもベイルートの民衆は背景以外の役割を与えられておらず、パリでの公開時にレバノン人たちによる抗議デモが起きた。ベイルートでも公開はなされず、監督はそれ以後、一度もレバノンを訪問することがなかった。だがかくも不幸なフィルムではあったが、映画学校で正規の撮影術を学ぶ機会を持たず、ジャーナリストとしていきなり現実にカメラを向けることから開始された彼女の映画修業にとって、これはまたとない機会であった。

『サハラは売り物ではない』は、制作に恐ろしく困難に満ちた作品である。旧スペイン領サハラ（現西サハラ）は国連の勧告を無視してモロッコが一方的に領土宣言をし、海岸部に入植を続けている地域である。本来の住民は砂漠の民であり、アルジェリアとの国境を越えたところに難民キャンプを築いて生きている。先住民による国家独立のためポリサリオ解放戦線が結成され、サハラ砂漠を横断しながらモロッコ軍と戦っているが、直接彼らのもとを訪ねることは容易ではない。

ジョスリーンはまず父親に頼み込んで、彼が懇意にしているレバノンの内務大臣からモロッコの内務大臣宛ての手紙を書いてもらい、ラバトへと向かった。そこで王室関係の人物と接触するのにひと月、さらにモロッコ政府の官僚の許可を得るのにもうひと月をかけ、ようやく西サハラに足を踏み入れることができた。解放戦線は一頭の駱駝《らくだ》を潰して彼女を歓迎した。彼らは自分たちの主張が世界に知られることを、切に望んでいた。ジョスリーンは連日駱駝の肉を食べ、砂混じりの水を飲みながら撮影を続けた。ドキュメンタリーは完成し、パリで上映された。

　その時点ではモロッコ政府の側からとりたてて非難の通達はなく、その後も彼女はいくたびかこの国を訪れていた。それが一九九四年になって突如状況が変わり、彼女は息子とともにテトゥアンのホテルに宿泊中、突然警察に踏み込まれた。この時は運よく逃げ出せたが、結局は逮捕されてしまい、作家ベン＝ジェルーンの弁護にもかかわらず、カサブランカから国外追放となった。モロッコ政府にとって最大の禁忌である西サハラ独立運動に言及したことが、一七年後に仇となった。それから一一年後、彼女は『デュニア』によって、今度はエジプトで逮捕勾留され、やはり国外追放の身となる。ドキュメンタリストとしては徹底して非妥協を貫いたという点で、彼女は筋金入りであった。

　革命直後のイラン訪問は、西サハラのそれと比べるならば、相対的には困難な旅ではなかった。一九八一年、ジョスリーンは社会学者をともなってテヘランに入り、当地の女性たちに倣って全身をヴェイルで包むと、平然と撮影を行なった。彼女はしばらく滞在しているうちに、現下に起きている事態が、父親の世代に対し、祖父と孫の世代が同盟した戦いであると気付いた。オックスフォードに留学し、毎朝トーストにマーマレードを塗って食べているエリートのマルクス主義者と、狂信的な神の使徒であるヒズボラの野合だというのが、彼女の見立てだった。

撮影隊はテヘランからイスパハンへ、シラーズへと移り、アフガニスタン国境にまで足を向けた。ジョスリーンにはどうしても撮影しておきたいものがあった。父が若き日にイギリス人と協力して建設した、テヘランからバグダッドに通じる貫通道路である。だがクルド人の居住地に差し掛かろうとした時、彼女は国際電話で、父親がパリで心臓のバイパス手術を受け、その後の病状が思わしくないという報せを受けた。撮影はほとんど終了し、残されたのはテヘランの知識人を一人、インタヴューするばかりとなっていた。ジョスリーンはそれをスタッフに任せると、ただちにパリへと引き返した。

父親は娘が自分の手になる道路を見てくれたことに満足し、あそこにはコルク樫がいっぱい生えていただろうと訊ねた。ベイルートに戻るたびに娘にお土産として与えていたコルクのことだった。そんなものはもう一本もなくなっていたわ。娘はそういいかけたが、口を噤《つぐ》んだ。こうして父親は亡くなった。若き日にアレクサンダー大王とほぼ同じだけの領域を踏破し、冒険に冒険を重ねた父親は、ある時から銀行家に転じ、亡くなった時はレバノン国内に二五の支店をもつ銀行の頭取だった。だがジョスリーンは銀行家としての父親について、それ以上は何も語ろうとはしなかった。

父親の死は、その多大な負債も含めて、サアブ家の没落と解体の兆しとなった。一九八二年六月にはふたたびイスラエル軍がレバノンに侵攻し、七月にはとうとうベイルートを完全に包囲してしまった。包囲の四日前、サアブ家の邸宅は全焼した。八月にはＰＬＯのアラファト議長がベイルートからチュニスへと、屈辱的な撤退を余儀なくされた。

ＰＬＯが去り、国際平和維持軍が撤退して、難民たちの安全を保障する者がいなくなった時、イスラエル軍の占領下にあったシャティーラの難民キャンプで大掛かりな虐殺が生じた。直接に手を下したのはキリスト教徒の民兵組織であり、イスラエル軍はそれを見て見ぬふりで容認した。

この年には恐ろしい惨事が、これまでになかった速さで次々と生じた。ＰＬＯのベイルート撤退に際して、ジョスリーンはすべての事態を映像で記録しておかなければいけないと、強く自覚した。これは敗者の歴史なのだ。敗者が自己を回復できるのは、みずからの映像を所有しているかどうかにかかっているのだ。

港を見下ろす丘の上には数多くのイスラエル兵がいて、お喋りをしながら銃を装塡していた。彼らはいつでも撤退者と群衆を狙撃することができた。ジョスリーンはこの時、はじめて武器を手にした。腰と足にこっそりと短銃を隠して撮影を行なった。

だがこうしたジャーナリストとしての使命感の達成とは別のところで、私生活において彼女に決定的な喪失感を与えたのは、先にも書いたことではあるが、祖父の代に始まる屋敷が灰燼《かいじん》に帰したことだった。飼犬が異変に気付いて騒ぎ出したおかげで、家族は全員が無事に脱出することができたが、犬は兵士たちによって庭で殺害された。ひとつの場所に宿っていた固有の記憶が、ここで不条理にも断ち切られた。ジョスリーンはいつか自分の育った屋敷を借りて劇映画を撮りたいと考えていたが、その希望は実現不可能となった。

『ベイルート、わが都』は、ジョスリーンが焼け跡に佇んでいるショットから始まる。三四歳の彼女はピンクのＴシャツの上にサファリジャケットを羽織り、小柄でほっそりとした体形はまだ頼りなげな小娘といった印象を与えている。床面は一面に瓦礫《がれき》で、家の土台の柱が剝き出しとなり、何本もの柱が斜めに倒れ掛かっている。煤で黒々とした壁には、窓と扉の跡だけがぽっかりと空いている。ここがわたしの家でした。マイクを片手に彼女は語り始める。二階に上がりましょう。ここがわたしの勉強部屋でした。一五〇年にわたって続いたわが家は、こうしてすべて燃え崩れてしまったのです……。続いて爆撃で白煙を立てる市街。死体の山。顔中を火傷に覆われ、病院の寝台で苦痛に呻いている人々。イスラエル空軍による破壊の映像が次々と続く。

　ジョスリーンは画面にコメンタリーを寄せたロジェ・アッサフの協力を得て、次のように語る。「不幸が見世物となった時、すでに詭計《きけい》が生じている。人は苦しみの国を旅行する観光客と化してしまうのだ。同情によって苦痛の大きさを推し量ることはできない。爆撃された建物の残骸の前に、名付けようもない距離が生じる。それは何かを見てしまったがゆえに心動かされた者と、もはやあるものを見られなくなってしまったがゆえに涙する者とを分け隔ててしまう」。

　ジョスリーンの『ベイルート三部作』の最後にあたる『ベイルート、わが都』は、フランスのＴＶで放映され、スペインの国際映画週間で第一位に選出された。彼女は国際的な栄誉を与えられたが、個人的にはもはやベイルートに自分の場所が永久になくなってしまったという、強い喪失感に苛まれることになった。父親の死後、ともすれば崩れかかっていた家族の紐帯《ちゅうたい》は、この時完全に解体された。もとより良好ではなかった母親との関係は、ここにいたって完全に決裂した。弟は極右の政治団体に加入し、パレスチナ難民こそがベイルートに厄難をもたらした諸悪の根源であると、熱烈に主張するようになった。もはや対話の余地はなかった。ジョスリーンは追放されるような形で家を出、パレスチナ難民の友人二人との共同生活に入った。自分もまた内なる亡命者なのだと、彼女は自分にいいきかせた。

もうこれ以上、ベイルートをドキュメンタリーとして撮ることはできない。なすべきことは喪われたものをめぐる記憶だ。マルグリット・デュラスがアラン・レネの『ヒロシマ、わが愛』（邦題は『二十四時間の情事』）のために書いた科白が、彼女の心の支えとなった。

「わたしもまたお前と同じように、全力をもって忘却に抗しようとした。お前と同じように、わたしも忘れた。お前と同じように、癒しがたい記憶、影と石の記憶をもつことを望んだ。

わたしは自分を犠牲にし、全力を尽くして戦った。毎日だ。〈なぜ〉思い出すのか、その理由をいつか理解できなくなるという恐怖。その恐怖に打ち勝つために戦った。お前と同じように、わたしも忘れた。思い出すことが必要だというわけを　わたしに聞いてほしい。もう一度、聞いてほしい。思い出がふたたび始まるために」。

一九八五年、ジョスリーンは初めての長編劇映画を監督した。戦争のさなかに育った若い女性が、町外れの廃墟に住む不思議な中年画家と恋におちるという物語である。ジャック・ウェベルが画家を演じ、親しい友人であるジュリエット・ベルトが特別出演をしてくれた。ジョスリーンは『愛の砂糖』という題名に固執したが、カンヌ映画祭では『宙吊りの人生』という題名のもとに上映された。彼女はセルロイドの赤ん坊の人形を抱いて、映画祭の舞台挨拶を行なった。

不思議だ。自分の周囲の過去が死と破壊に満ちているというのに、どうして自分だけは生気に満ち、未来への希望をこの世にもたらそうとしているのだろう。カンヌの五月の陽光のなかで最初の劇映画作品の成功を祝福されながら、ジョスリーンはそう思った。彼女は妊娠していた。

　ジョスリーンは息子ネシムの誕生を契機に、フランス国籍を取得した。レバノンとの二重国籍である。彼女は僕にそのあたりの経緯を詳《つまび》らかに語ろうとはしなかった。ただ吐き捨てるように、もうレバノン国籍を持っていても何の役にもたたないのよ、とだけ語った。

　一九八五年、イスラエル軍がようやくレバノンから撤退した。だが二年後にはシリア軍が介入し、レバノンは対シリア解放戦争を戦うことを強いられた。内戦が終結するには一九九〇年を待たなければならなかった。八〇年代の後半をもっぱらエジプトでのドキュメンタリー制作に費やしたジョスリーンは、九〇年代に入ると、破壊されたベイルートのシネマテックの再建に深く関わることになった。

3

東京に戻った僕を待っていたのは、自分が四〇年前に卒業した母校で開くことになった講義の準備だった。世俗の娯楽メディアとして発展してきた映画が、神聖なるもの、宗教的に畏怖すべきものを、映像としていかに主題としてきたか。久しぶりに教壇に立つ僕に求められたのは、こうした主題について語ることだった。僕はＡＶ資料を確認し関係文献を渉猟《しようりよう》しながら、講義ノートの作成に勤《いそ》しんだ。その一方で、ジョスリーンに約束した日本赤軍関係の文献とＤＶＤを、思いつくかぎりパリに送った。書物はほとんどが日本語だったが、ハワイの社会学者が英語で執筆したものもあるから、彼女も読むことができるだろう。

　ジョスリーンからは、今はチュニスで、真夜中で、短編映画祭の審査員をしているところだというメイルが来た。チュニジアは「アラブの春」を体験した国々のなかで、例外的に民主化に成功したといわれているところだ。二千人の若者が毎晩、映画祭の屋外上映を観ようとして集まってくるのよ。一度も学校に通ったことのないような人たちが映画の撮り方を教えてもらい、彼らの作品が次々と上映されている。ジョスリーンの文面には興奮が漲《みなぎ》っていた。骨髄腫については何も書かれてはいなかった。ただ毎日泳いでいるとあり、ここではエジプトと違って、ビキニでいても誰からも咎められないからいいわと記されていた。

その次のメイルはロワールの小さなお城に招かれている。もしまだパリにいるのだったら誘ってあげられたのに、というものだった。どうやら彼女はこの夏を旅行して過ごすことに決めたらしい。秋にはシンガポール映画祭での審査員の仕事が待っていた。日本からは河瀬直美が審査委員長として来るらしく、会えるのが愉しみだ。シンガポールはまだ行ったことがないけれど、父親がことあるごとに口にしていた名前だから、きっといいことが起きるに違いない。その後で東京に行き、何かいっしょに共同制作できれば最高なんだけどと書かれていた。

病気についてはときおり言及があった。しばらく前から病院が少し強い薬を出すようになり、二日前の検査では血液の質がよくなってきたといわれた。やっぱり希望というものは持つだけの価値はあるという文面のメイルもあれば、薬が重すぎて、このところ一行も文章を書くことができない。次の写真展のため、作品を選定するだけで疲れてしまうというメイルもあった。

かくするうちにその年の終わり頃、彼女は無事にシンガポールに到着した。メイルには、自分が期待していた以上に理想的な青年医師に出会ったとあった。感嘆符でいっぱいの便りである。その医師は漢方医の立場から癌治療に取り組んできた人物であるらしく、易経の原理を説きながら、二二種類の薬草を調合してジョスリーンに服用するようにいった。僕は大丈夫かなあという感想を抱いたが、何もいわずにいた。パリに戻っていつもの病院で検査を受けると、信じられないことに四か月で癌が半分の大きさに縮んでいたという。

本当だろうか。第一、そもそも液体である血液に生じた癌に、半分とか三分の一という表現が成り立つものだろうか。それは彼女が信じたがっているだけではないか。いや、待てよ、血液細胞を作り出す骨髄のことだと考えてみれば、そこに生じた腫瘍が拡大したり縮小したりすることはありうるわけで、やはり彼女が書いてきたように、治療が成功しつつあると解釈すべきなのかもしれない。とはいえそれはシンガポールの漢方薬のせいなのか。パリの病院が強い薬を投与するように方針を変えたからではないか。彼女がシンガポールでの効用を興奮して騒ぎ立てるのは、ひょっとして父親の見えない加護の手が働いていると無意識的に信じたいからではないだろうか。

もちろん僕はそんな不躾なことはメイルには書かなかった。ジョスリーンの次のメイルには、冬のパリはあまりに寒いので、ネシムのいるカーボベルデに行くことに決めた。今はドゴール空港で直行便を待っているところだとあった。カーボベルデ？　そういえば以前、息子さんがマルチニックにいてという話を聞いたことがあったっけ。それが今度はカーボベルデか。いったい彼は何を生業《なりわい》としているのだろう。それにカーボベルデには何があるというのか。

僕はといえば、ジョスリーンの存在を知ってもらうためには、まず映画作品を日本で上映するのが一番だと考え、その策を練っていた。以前に仕事をしたＮＨＫのスタッフに連絡を取ることを思いついたが、肝腎のジョスリーンが当時の関係者と長らく音信不通であり、名前まで忘れてしまっているので、これは諦めざるをえなかった。もっとも人名が判明したとしても、三〇年以上前のことだから、日本側スタッフはとうに定年を迎えていて、連絡を取ることは期待できないだろう。

そこで僕は石坂健治に相談をすることにした。第一回のアラブ映画祭が開催された時に主催者であった国際交流基金アジアセンターの中心的研究員であり、映画祭準備のため、パリではＩＭＡのアラブ映画祭に日参していた人物である。僕も偶然その時には連日通っていた。彼はその後東京国際映画祭アジアの未来部門でプログラミング・ディレクターを務めることになり、一年の半分はアジア諸国を廻りながら、映画祭に出展すべき新作を物色するという、恐ろしく多忙な日々を送っていた。

僕は石坂に『デュニア』の監督にパリで会ったと話し、このフィルムが公開当時、カイロで大スキャンダルになっていた事情を説明した。そうか、それでエジプトの文化関係者が日本での上映に難色を示したというわけだったのかと、彼は了解したようだった。僕は彼の助言を受け、東京のアテネ・フランセ文化センターにジョスリーン・サアブ上映会の企画を提案した。

「アテネ」は、僕がデュラスからアモス・ギタイまで、非商業的な芸術映画を観に、足しげく通っていた場所である。上映ホールは語学学校の四階にあるため、ときには階段に長い列ができたこともあった。ゴーリキーが自伝的回想に付けた題名を借りるならば、それは映画における「わたしの大学」ともいうべきところだった。アテネはただちに僕の企画を検討してくれ、何か一本のフィルムを試しに上映し、僕が説明役を引き受けるという話が纏まった。

いったい、どの作品を選んだらいいのだろう。僕はパリを発つ直前、ジョスリーンから小さな

USBを渡されている。そこには彼女がこれまでに撮った四〇本ほどのドキュメンタリーの主だったものと、四本の劇映画が収められていた。二〇年前ならば山ほどのヴィデオカセットをいくつもの鞄に詰めて運ばなければならなかったところなのだが、現在では映像作品はこのように極小な形に圧縮して、自在に持ち運びできるのだ。アテネのスタッフとしばらく相談した結果、いきなり『ベイルート三部作』のドキュメンタリーでは、あまりに衝撃が強すぎて大勢の集客が期待できないから、何か愉しそうな劇映画にしてはどうかということになった。それには打ってつけのフィルムが一本あった。『昔むかし、ベイルートで』という、一九九四年の作品である。

ヤスミンとレイラという、元気のいい二人の女の子が、いきなりベイルートの市街からタクシーで誘拐される。二人は目隠しをされ、タクシーの後部座席に座らされ、どこともわからぬ場所へと運ばれていく……というのは嘘であって、二人は実のところ誘拐ごっこを愉しんでいるだけである。本当は町外れにあるシネフィルの中年男、ファルークさんという人物のところに、恐ろしく古く貴重なフィルムを届けにいくところなのだ。ファルークさんは廃墟同然の映画館に独りで住んでいる、いささか偏屈な初老の人物だ。子供のころから映画が大好きで、ただ隠れ家のありかを不用意に人に知られたくないので、二人に目隠しを求めたのだ。彼女たちが到来した時にも大きなスクリーンには、『シエラザード』のアンナ・カリーナが大写しで映されている。ところがうっかりしたことに、彼女たちはせっかく届けようと思っていた貴重なフィルムを、タクシーのなかに置き去りにしてしまう。

二人の女の子は一九七五年、ベイルートの内戦が開始された年に生まれた。だからエジプトやレバノンの映画の黄金時代を知らなければ、レバノンが「オリエントのスイス」と呼ばれ、栄華を極めていた日々のことも知らない。物心ついた時、すでにベイルートは半ば廃墟だった。ファルークさんは彼女たちに同情し、お嬢ちゃんたち、だったらスクリーンの上で本当のベイルートを見せて進ぜようと宣言する。こうしてこうしてレイラとヤスミンの、幻想的な映画の旅が始まる。細かく観察してみると、スカートとパンタロンという服装の違いから、二人の仲よしがそれぞれキリスト教とイスラム教という異なった文化的環境のなかで育っていたことが判明する。このあたりにも内戦の記憶を早く克服したいという、ジョスリーンの気遣いが感じられる。

二人はフィルムの収蔵庫に忍び込み、山のように積み上げられた、往年のアラブ映画のリールに眼を見張る。二〇世紀初頭のベイルートの波止場と市場《スーク》の雑踏。優雅に水煙草を嗜《たしな》む人々。時代が下り、六〇年代ともなると、レバノン杉の燃える砂漠でのアクション映画。地中海を疾走する水上スキー。ナイトクラブの妖艶なベリーダンス。レストランのシェフが演じる『ロメオとジュリエット』。遊牧民の正体を隠し、都会娘のフリをしてアヴァンチュールに耽る美女。古代遺跡を舞台にした、壮大なファッションショウ。ベジャールのバレエ公演。スパイ・アクションの、レジャーとお色気の、ヒッピーと反戦運動の都ベイルート。なんでもありのベイルート……いつしかヤスミンとレイラは画面のなかに入り込み、歌ったり、恋をしたり、スクリーン狭しと大活躍だ。パレスチナを救えとフォークシンガーがギター片手に歌い、二人の女の子はプラカードを掲げながら反戦デモに参加する。とはいえスペクタクルの興奮がひとたび遠のいてしまうと、二人の前に立ちはだかるのは歴史への、失望に満ちた反省的意識でしかない。

いったいわたしたちが生れる一〇年前まで、親の世代は一番幸福だったベイルートを満喫していたわけだったんだ。その後はどうしてこんなに戦争続きの、廃墟の都市になってしまったのかしら。歴史、くたばれ！

二人は大いに気炎を上げる。だがその後に到来するのは失望と意気消沈だ。歴史は一度きりのものだろうか、それとも永劫に回帰するものなのだろうか。哲学的な懐疑を抱きながら海岸を散歩している二人の前に、一頭の驢馬《ろば》が現れる。実はこの驢馬こそは歴史の教授で、博士号まで取得しているらしい。ヤスミンとレイラは驢馬を引連れ現在のベイルートの街角を横切ってゆく。……ここで舞台は夢から醒めたように現在に戻り、彼女たちがタクシーに置き忘れた貴重なフィルムが戻ってくる。そのなかでは真理は驢馬であるという教えが唱えられており、それを聞いたイスラム教の賢者たちがカンカンになって怒っている。だがその画面を観て、一人の子供だけがケラケラと笑っている。

『昔むかし、ベイルートで』は、映画好き《シネフィル》にとっては堪えられないくらい愉しいフィルムである。ベイルートのシネマテックの復元に携わっていた時、レバノン北部の町トリポリでエミールという老人に出会ったことが、ジョスリーンにこのフィルムを撮らせる切っ掛けとなった。エミールは読み書きこそできなかったがセシル・B・デミルの『十戒』を愛してやまない人物で、長年にわたり映画館でのプログラム製作に携わっていた。ジョスリーンの口から、土地を小作人に分配すると発言しているエジプトの当時の大統領ナセルを、デミルがたまたまカメラに収めていたと知らされたエミールは、二人の英雄の邂逅《かいこう》に狂喜し、何とかそのフィルムを目の当たりにしたいといった。この失われた映画リールの探究が、『昔むかし、ベイルートで』の原案となった。撮影に用いられた映画館は、トリポリでエミールがお気に入りのカピトル座だった。

　このフィルムはかつて観光都市として栄華を極めたベイルートの「甘い生活」の日々を、遺されたフィルム断片を繋ぎ合わせることで何とか再現しようとする試みである。それは同時にエジプト映画とその圧倒的影響下に発展してきたレバノン映画の歴史でもあり、この都で生れ育ったジョスリーンの、個人的なノスタルジアの記録でもある。とりわけ後半、ヤスミンとレイラが六〇年代後半のベイルートに迷い込み、ヒッピーファッションをして政治デモに参加するあたりに、作者の自伝的色彩が強く感じられる。だが同時に、驢馬が登場することの意味も考えなければならない。このフィルムはニーチェの『ツァラトゥストラ』から大きな示唆を受けており、ベイルートが体験した歴史的悲惨をめぐって、この哲学者が説いた永劫回帰の教説が真剣に討議されていた。僕は先に、忘却の恐怖に打ち勝つため、全力をもって戦うというデュラスの言葉を引いたが、あの一節こそは、ジョスリーンがこのフィルムの冒頭に掲げたエピグラムだったのだ。

　アテネ・フランセ文化センターでの『昔むかし、ベイルートで』の上映は、まずまず成功だったと僕は思う。日本語の字幕をつける予算も時間もなかったので、物語の概要と登場人物の主だった科白を日本語で記したハンドアウトを事前に配り、上映の後で僕がいくぶん長くフィルムの説明をするという形を取った。それでも百人ほどの観客には、作品の意図は理解してもらえたという印象があった。

　客席には何人か、映画祭関係者と配給会社のスタッフが来ていた。商業的作品の業界内試写ではないので、いわゆる試写会族の来場は期待できなかったが、それでも数人、これはという評論家の顔を認めることができた。かつて東映で『不良番長』シリーズを撮っていた内藤誠監督が来ていた。ロックミュージシャンのＰＡＮＴＡ、それに元日本赤軍の兵士だった二人の人物が来ていた。一人は映画監督の足立正生《まさお》で、彼は二〇〇〇年にベイルートから強制送還され、二年半の刑期を執行猶予で終えた後、映画界に復帰していた。もう一人は山本万里子で、彼女は服役中の重信房子を支援する会の代表として、もう十年にわたって一年に数回、『オリーブの樹』という機関誌を編集発行している。重信の獄中日記や論文がそこに掲載されていた。

　元日本赤軍の足立と山本は、長らくベイルートに滞在した体験をもっている。おそらく『昔むかし』に登場する大通りや路地も、浜辺のレストランも、著名なホテルも、すべての風景を記憶に留めているはずである。彼らはもう二度と訪れることのできないこの都市の映像を見て、どのような感慨に駆られたのだろうか。

　上映の後で足立は、すばらしい映画だったと僕にいった。それから付け加えるように、同じ映画監督としてベイルートに三〇年近く滞在していながら、これまでジョスリーン・サアブの作品を観たことがなかったのは恥ずかしいといった。だがこれは仕方のないことだった。ジョスリーンのフィルムはもっぱらフランスのＴＶで放映され、次に国際映画祭で上映され、それがパリの映画館に降りて来るという形で公開されていた。故郷ベイルートで上映される機会はほとんどなかったのである。

僕はアテネでの上映会の成功を告げるメイルをジョスリーンに送った。折り返し彼女からメイルがあり、東京で撮りたいと思う新作の構想が少しずつ固まろうとしている。日本赤軍の最高幹部であった重信房子とその娘メイの物語だ。できれば撮影のことでいろいろと話し合いたいので、今すぐパリに戻って来てくれないかという文面だった。彼女はどうやらYouTubeを通して、足立正生と若松孝二が撮ったドキュメンタリー映画『赤軍‐ＰＦＬＰ　世界戦争宣言』を独自に発見し、それを観て強い刺激を受けたらしい。あの映画を撮った監督が自分の作品を観に足を運んでくれたという僕の報告に、彼女は満足していた。

そうか、こういう展開になったのかと僕は思った。ジョスリーンは日本赤軍とは、ベンガジ空港で運命的な出会いを果たしていた。僕は彼女の関心に応えようとして、帰国後にいくつかの資料をパリに送ったのだが、それが引き金になって彼女は、ベイルートを根拠地として活動していたこの日本人たちを、ドキュメンタリーの主題として考えるにいたったのだ。

ジョスリーンが重信メイという具体名を出してきたのには心当たりがあった。僕は先のパリ滞在に先立ってまだ東京で仕事をしていたころ、映画がテロリズムの廃絶のために何をなしうるかという主題のもとに書物を執筆したことがある。ハリウッドのアクション映画からブニュエル、若松孝二、ファスビンダー、マフマルバフといった監督の作品まで、テロリズムを描いてきた世界中のフィルムを次々と取り上げ、そこに分析を施した。さらにエリア・スレイマンやハニ・アブ・アサドといったパレスチナ人の監督にまで言及し、最後にロンドンのシェーン・オサリヴァンが撮った『革命の子どもたち』というドキュメンタリーに触れた。

ロンドンのドキュメンタリストとは面識がなかった。だがきっとロンドンにいる僕の映画研究家か映画祭関係者仲間の誰かが、僕の名前を挙げたのだろう。オサリヴァンは二〇一一年にこの作品を撮りあげると、東京の僕にＤＶＤを送ってきて感想を求めてきた。面白い発想の作品だった。かつて西ドイツでドイツ赤軍を組織し、獄中で自殺を遂げたウルリケ・マインホフの娘であるベティーナ・ロールと、日本赤軍の重信房子の娘メイの両方にインタヴューを試み、それを交互にモンタージュして比較している。ベティーナは自分の人生は母親とはまったく関係がないと語り、ドイツ赤軍に対しても頑なに沈黙を通した。自分にとって重要なのは、ジャーナリストとして活躍している現在の自分だけであると断言もした。重信メイは対照的に、母親である房子への尊敬と共感を語り、異郷の地にありながら自分を支えてくれた日本文化への信頼を語った。僕はジョスリーンに送った資料のなかにこのＤＶＤを入れたことを思い出した。彼女はそれを観て、重信の母と娘のあり方に興味を惹かれたのだ。

　僕はただちにパリに戻ろうと決めた。ちょうどこれからワガドゥグーで二年に一度開催される汎アフリカ映画祭に出かけなければいけない。日本からアフリカの都市を訪れるのに直行便はない。ドバイやカタールを中継地にすることも可能だが、どうせ乗り継ぐのであればパリの方がいい。問題は連日三八度のサハラ砂漠南端の都市から春先とはいえ、まだ寒さが残っているパリに移った時の気温差だが、こればかりは気を付けるしかない。僕は覚悟するとエアチケットといっしょに、マラリアの予防薬を買い求めた。ブルキナファソに入国する二日前から服用し、出国後二日間まで服用を続けておけば大丈夫らしい。

二〇一七年二月。ワガドゥグーでの十日間はあっという間に過ぎた。ジョスリーンからはセネガルの監督だという友人を紹介してもらったが、映画祭の会場は群衆でごった返しており、三日目にしてようやくプレスパスとプログラムが入手できるという混乱ぶりで、誰がどこにいるのか、まったく見当がつかない。大統領が列席するという、豪華きわまりない閉会式を一日がかりで観終わると、後はパリに向かうだけとなった。

今回のパリは目的を持った短い滞在になる。セーヌ河岸のマチスのアパルトマンのような、騒々しい観光スポットはもう充分だという気がした。もっと落ち着いた宿を探そう。知り合いの伝手《つて》を辿ると、パリの町外れである旧城門のあったポルト・ディヴリの近く、トルビアック通りに、狭いが安い部屋が見つかった。中国やヴェトナムの食材をあつかう大きな超級市場《スーパー》の上のアパルトマンの一室で、かつて行きつけだったラオス人の理髪店のすぐ側である。どこを見廻しても中国語かヴェトナム語の文字しか目に入らない。ここならジョスリーンの住んでいるところにも、地下鉄で乗り換えなしに行くことができる。パリにいながら毎日ヴェトナム料理という体験も、一度くらいあってもいいかもしれない。まさか日本人で好き好んでトルビアック通りに住む者もいないだろうと想像すると、何となく愉快になった。なんだか戦前の久生十蘭の小説の登場人物になったような気がした。そこでただちに航空券を求め、ワガドゥグーに向かった。

わたしは母と和解したのよ。

ジョスリーンは開口一番にそういった。彼女はつい数日前までベイルートにいて、二五年にわたって連絡を取らなかった母親に会ったのだった。

　母はアルツハイマーが深く進行していて、今ではすっかり子供のようにニコニコと笑っているばかりだった。久しぶりに抱擁を交わしたが、昔はあれほどの女丈夫だったというのに、軀は小さく萎《しぼ》んでしまい、赤ん坊のようだった。それを知って、わたしの中にあった敵意はすっかり消えてしまった。わたしは何かというと、苦しみ《スフランス》という言葉を口にしてきた。でも母は一度もこの言葉を口に出さなかった。そういう性格の人だった。

　ジョスリーンは数か月前に別れた時よりはいくぶん窶《やつ》れ、抗癌剤のせいか、顔に影が差しているような感じがしないでもなかったが、晴れやかな顔をしていた。積年にわたる心のわだかまりが解けたからだろうかと、僕は思った。彼女は、今度の映画はわたしの最後の映画になるはずだと明確にいった。わたしは重信房子とメイという母と娘の映画を撮る。けれどもそれはパレスチナ問題をめぐる政治的な映画でもなければ、プロパガンダでもメロドラマでもない。人間にとってもっとも大事な、家族という問題を、わたしなりに突き詰め、他人のためにではなく、自分のために自分だけで撮る映画になるはずだろう。わたしは今こそ、はっきりわかった。わたしは完全に自由なのだ。もう地上には何も怖れるものがないことがわかった。もしわたしが鳥だったら、一刻も早くシムルグ（鳥の王様）のところへ翔《と》んで行きたいところなのよ。

　話してよ。そして話したいのよ。話しておきたいことがたくさんある。どこから話していいのか、わからない。そんな雰囲気だった。おそらくこの数か月はジョスリーンにとって、大きな、本質的な問題に決着をつけるための時間だったのだろう。僕は台所に入り、ポルト・ディヴリの中華スーパーで買ってきた豆腐と葱を俎板の上に載せた。以前に作った湯豆腐をもう一度作るつもりだ。昆布も、醬油も、米酢も、前回に買ってきたものが、棚の上に手つかずになっているので、調理は簡単だった。熱い「豆腐スープ」を口にすると、ジョスリーンは少し落ち着きを取り戻し、この間のいろいろなことを話し始めた。

　カーボベルデに行ってわかったのは、そこがまったくストレスのない世界だったことよ。物事の進み具合はとてもゆっくりとしている。セザリア・エヴォラっていう有名な歌手がいるじゃない。空港は火山に囲まれた小さな空港なのだけど、彼女の名前がついていて、飛行機から降りた時からもうその歌が聴こえてくる。誰もが歌ったり踊ったりして、ただそれだけ。ものすごく暑いのだけれどいつも風が吹いていて、嫌なことは風で飛ばされていく感じがする。

　でも、どうしてそんな大西洋の島になんか、行ったわけ？

　ネシムがいるからよ。彼は船を持っていて、それであちこち世界中を航海し、行く先々で船上レストランを開いている。マルチニックにも、ブラジルの東海岸にも停泊していたこともあったし、いつかはキューバにも船を停めたいと狙っているみたい。

　僕はふと気が付いた。息子について語るジョスリーンは、まるで父親について語っているかのようだ。彼女の父親が両大戦間にバグダッドからテヘランまで、インドからラオスまで、もっぱら陸路を辿って移動を続けたとしたら、息子はもっぱら海路を通して世界を経《へ》廻《めぐ》っている。ひょっとしてそれはフェニキアの血のなせる業ではないだろうか。あの古代民族は現在のレバノンの地に発し、地中海全域をわがもののように航海しながら、カルタゴのような先駆的な植民都市を建設したのだ。そしてジョスリーンもまた、際限のない移動の情熱に囚われている。

パリの病院の医者たちは、わたしがつねに移動しているということが理解できないのよ。いつも同じことをいう。このまましばらく安静にしていてください。自宅で落ち着いて静養してくださいって。それで結局のところ、連中はわたしを放り出してしまった。ブレーキの付いていない車みたいにね。わたしを救ってくれるのはシンガポールよ。

「豆腐スープ」を温め直しながら、僕たちは話を続けた。話題は彼女が最近観た日本映画のことになった。小川紳介が成田闘争を描いたドキュメンタリーはすばらしいといい、松本俊夫の『石の詩《うた》』の凝縮された世界には圧倒されたといった。それからボブ・ディランがノーベル賞を取ったという話になった。なんだか六〇年代が戻ってきちゃったような気になったわ。それからジュリエット・ベルトの話。

どうしてジュリエット・ベルトの話になったのだろう。それは僕が『昔むかし、ベイルートで』の東京上映の話をしていて、二人の女の子がスクリーンの中に入り込んでしまうという設定が、何となくリヴェットの『セリーヌとジュリーは舟でゆく』を思い出したという感想を話したからだと思う。ジョスリーンは答えた。あのフィルムのことは考えてはなかったわ。むしろ頭にあったのはヒティロヴァの『ひなぎく』だった。だけど、ひょっとしたら無意識に『セリーヌとジュリーは舟でゆく』のことも思っていたのかもしれない。だってジュリエットとはとても仲がよかったから。彼女、あの映画では奇術師の役で、まるでルイス・キャロルの描いた兎のように、画面の端から端まで飛び回っていたでしょ。

ジュリエット・ベルトはジョスリーンより一歳年上で、二〇歳の時に『中国女』に出演。それ以後、〈五月〉の興奮冷めやらぬ時期のゴダールの、ほとんど全作品に登場し、リヴェットやタネールといった「作家」の詩神《ミューズ》となった女優である。ジョスリーンはパリに来てしばらくして彼女と出会い、二人はたちまち親しくなった。

ジュリエットはいつも革命的で、フランス映画のなかでまさに自由を体現している存在だったわ。気が付くといつも下唇に指を当てる癖があって。わたしが『愛の砂糖』を撮る時にも、二つ返事で出演を引き受けてくれた。それがおかしいのよ。レバノン映画では伝統的に、アクション映画の人物が撃たれて死ぬ時には、それなりの型があるのよ。ところが彼女はそれが不満で、ゴダール映画ではこんな風に死ぬのよといって譲らない。撮影現場で二人して、何回も何回も、二通りの死に方をリハーサルして、あれは結局どちらのでもない死に方になったのだけれど……。ジョスリーンは喋りながら、僕の目の前で二通りの死に方を演じてみせた。それから急に黙ってしまった。ジュリエットはわたしの映画に出てくれた時にはもう病気だったのよ。四二歳で亡くなってしまった。わたしはそれからも生きて、もう二七年ほども長く生きている。

ジュリエットは何の病気だったわけ?

癌よ。ジョスリーンはそれだけいうと、口を閉ざしてしまった。

具体的な映画制作に取りかかることになった。真っ先にしなければならないのは、日本赤軍と重信房子に関する基本的事実をジョスリーンに知ってもらうことだった。先に送ったものに今回持ち込んだものを合わせると、資料は相当な分量になった。もちろんすべて日本語で書かれている。そのなかから今回の企画の参考になりそうな部分を選び、僕がそれを口頭で翻訳し説明する。要点をジョスリーンが、片っ端からパソコンに打ち込んでいく。

　とはいってもどこから手を付けていいのかがわからない。重信房子の『日本赤軍私史』は五〇〇頁にも及ぶ大著だ。僕はこの公式的な書物を作業机に拡げ、六〇年代の新左翼運動から日本赤軍の成立、そして二九年後の解散までを、二日かけて休みなく語った。それがすむと、房子が警視庁留置場で法務省宛てに執筆した上申書が待っている。メイの国籍取得のために書かれたもので、出版にあたっては『りんごの木の下であなたを産もうと決めた』という美しい題名がつけられている。表紙は若い母親が赤ん坊を抱いて椅子に座っている写真で、赤ん坊は利発そうな眼差しをして、母親は日本の浴衣を着ている。こちらは私的な回想が中心であり、説明する側としては少し気が楽だった。この二冊の書物を踏破することで、ジョスリーンにはドキュメンタリー制作のための基本的知識を知っておいてほしいというのが僕の願いだった。

　房子の三冊目の著書、『ベイルート１９８２年夏』に入った時、ジョスリーンは違った反応を見せた。これまでずっと聞き役だったのが、題名を耳にした瞬間から興奮しだし、積極的に僕に質問を始めたのだ。それは当然のことだった。一九八二年とはベイルートが封鎖され、ＰＬＯがチュニスへの撤退をした歴史的な年であるとともに、彼女の人生を大きく二分する、決定的な年でもあったからだ。彼女は僕の説明を中断して話しはじめ、かくするうちに重信房子の本はひとまず置いて、僕は彼女の話を聞くことになった。ある日時に起きた事件について、同じ場所にいあわせた立場の違う二人の人間の証言を突き合わせてみることは、興味深いことだった。
不思議なことにあれは戦争だったのよねえと、彼女はいった。確かにいたるところに危険があった。けれども逃げ出さずに留まることを選んだ者たちにとっては、恐怖には満ちてはいたが、まっとうな日々だった。いや、美しい日々だといってもいいくらいだった。

さてここでジョスリーンから横道に逸れることになるが、重信家の人々について少し話をしなければならない。記述の参考としたのは、房子本人の著述を別にすれば、由井りょう子『重信房子がいた時代』（世界書院、二〇一二）である。著者は明治大学時代に房子のサークル仲間だったジャーナリストで、女性インタヴューを中心に活躍している人だ。ジョスリーンに説明するため準備したメモを眺めながら、以下に家系を辿りながら、重信母娘について簡単に記しておきたいと思う。

重信家は代々が日向都城《ひゅうがみやこのじょう》の士族であり、かつては島津と争って追い返したこともあるという豪族であった。鹿児島には重信城址が存在している。もっとも明治維新の後は没落し、房子の祖父一華《いっか》は師範学校出の中学教師であった。父親末夫は長崎医大に進んだが、学資が続かず退学。上京して苦学中に、安岡正篤《まさひろ》の金鶏学院に出会った。彼は井上日召《にっしょう》の薫陶を受け、民族主義者として真摯に道を歩んだ。もっとも生来が温厚で暴力を厭う性格であり、血盟団事件でも五・一五事件でも名を連ねることを許されなかった。井上からは田舎に戻って後進の指導にあたるよう、直に厳命を受けた。末夫は蹶起《けっき》から外されたことに無念を抱いたが、師の教えを守って故郷で私塾を開き、後に満洲に渡った。敗戦時にはポツダム少佐であった。戦後は市井に潜み、東京世田谷で細々と食料品店を開き、妻と二男二女を養った。生活はけして楽ではなかった。

二女房子は日本が敗戦した一月後、一九四五年九月に世田谷区世田谷で生まれた。都立第一商業高校に進むと、学内の弁論大会で優勝。卒業文集には「朝鮮の子」という短編小説を発表するという才覚を見せた。卒業後はキッコーマンに就職し、トマトケチャップの販売拡大に明け暮れる日を過ごした。彼女はそれに飽き足らず、将来は教師になろうと望み、一九六五年に明治大学二部文学部に入学した。

明大生となった房子は学苑会執行部に入り、学費値上げ反対闘争を契機に学生運動に深く関わるようになる。社会主義学生同盟（ブント）に加盟し、バリケード封鎖した大学構内に泊まり込む日々が続いた。だがそうした時期でも帰宅時にはかならず父親に対座し、自分の政治的認識と行動のすべてを話して意見を仰いだ。「房子の右翼のお父さん」のことは、友人の間でも有名だったようである。大学では史学を専攻し、卒業論文では戦前日本のファシズムを分析した。いうまでもなくそこには父親末夫の影響が見え隠れしている。

一九六八年以降、日本の学生運動は大きく変化していった。一九六九年八月に共産主義者同盟赤軍派が結成され、国家権力に対しては武装闘争あるのみであると主張した時、彼女は救援対策を担当した。凶器準備集合罪容疑の名目で別件逮捕され、釈放されてはまた逮捕されるといった日々が始まる。末夫は娘の語る世界同時革命の理論を赤色クーデタとしては「甘い」と批判したが、行動にはあえて反対はしなかった。ただ二・二六と五・一五の二つのクーデタの本質の違いだけは見究めておくようにと助言した。前者は国内問題に終始したが、後者は国際的な視野のもとに構想されたのだと。

一九七〇年に赤軍派が「よど号」ハイジャックを起こしたあたりで、房子は公安からは特別にマークされだし、同時に週刊誌をはじめとするメディアの中でも有名な存在として、顔写真が掲載されるようになった。この時期、闘争資金を稼ぐために銀座のクラブでアルバイトをしていた彼女は、客として来店した若松孝二に会っている。とはいえすでに赤軍派は指導部の大部分が逮捕され、壊滅状態にあった。

一九七一年、重信房子は「革命の国際的な根拠地」を作るため、合法的にベイルートに渡った。羽田空港では家族の見送りを受けた。信じがたいことではあるが、ベイルートに降り立った房子は和服を着て、日本大使館のパーティに平然と出席していた。大使館では「赤軍ちゃん」のニックネームで親しまれていたという。ちなみにこの年の六月、足立正生と若松孝二がベイルートのＰＦＬＰを訪れ、後に『赤軍‐ＰＦＬＰ　世界戦争宣言』なるドキュメンタリーを撮影しにゴラン高原からダマスカス経由でジェラシ山へと向かった時、日本大使館の推薦を受けた房子は、彼らと行動を共にすることになった。二人をガッサーン・カナファーニーに引き会わせ、取材協力許可を得た後は通訳として撮影に同行した。

一九七二年二月、連合赤軍事件が起きた時、もっとも房子を悲しませたのは、学生時代に親しかった遠山美枝子がリンチ殺人の犠牲となって殺害されたことだった。その年の五月、リッダ空港で日本赤軍兵士三名が乱射し、イスラエル兵士と銃撃戦に陥った。この時、末夫は三人の「烈士」の大義を讃える漢詩を房子に送った。一九七三年三月、房子は女子を出産し、メイと名付ける。その名前には生命という意味と、同志三人による前年五月の事件を記念する意味とがあった。彼女はさっそく『スポック博士の育児書』日本版を取り寄せ、育児生活に入った。出産した病院はパレスチナ人の経営で、日本人には恩義があると主張して、けして入院費を受け取ろうとしなかった。

　その後房子は日本赤軍国際部に属しながら、三〇年近い歳月を中東諸国やパリといった都市を往還しながら過ごした。二〇〇〇年に密入国していて大阪にいたところを逮捕され、その後の裁判で懲役二〇年を確定された。検察側は一九七四年ハーグでのフランス大使館占拠事件を日本赤軍とＰＦＬＰの共同作戦であると見なし、前者の最高幹部である房子に熾烈な求刑を行なった。弁護側はそもそも日本赤軍とＰＦＬＰの間には公式的な共闘関係は実現しておらず、日本人が個々にヴォランティアとして活動に参加したにすぎないと反論し、房子の事件への関与を否定している。まあ常識的に考えて、異国で出産を終えたばかりで育児に追われている房子が、国際的な闘争の先陣に立って活躍するというのは、いくら何でも無理だろう。後に房子が捕らえられ、日本の法廷で裁かれることになった時、かつて「ハイジャックの女王」と呼ばれたライラ・カリド（現在はパレスチナ民族評議会員）はわざわざ来日して証人席に立ち、房子に与えられるべきは懲罰ではなく褒賞であると弁護した。重信房子は二〇〇一年、獄中で日本赤軍の解散を宣言した。現下の状況では、二〇二二年に七六歳で出獄する予定である。

房子の娘メイは数奇な少女時代を過ごした。彼女にはまず国籍がなかった。出生届も提出されていなかった。父親が誰であるかは不詳である。幼いメイが母親にそれを尋ねると、母親はつねに「パレスチナ戦士だったのだが、戦死してしまった」と、曖昧にしか答えなかった。

　房子はメイを完全な日本女子として育てあげようと決意していた。日本の母親が孫のためにと縫いあげ送ってきた浴衣を、幼いメイに着せた。日本語の童謡を聴かせ、日常生活の場ではつとめて日本語で育てた。百人一首まで学ばせた。アラブ社会では女の子が生れるとただちに両耳にピアスを付けさせる。房子は日本人だからといってメイにピアスを許さず、そのためメイはいつも男の子と間違えられた。メイが抗議をすると房子は「身体髪膚之を父母に受く、敢えて毀傷せざるは孝の始めなり」と『孝経』を引用して説き伏せた。日本から小学生用の教科書をわざわざ取り寄せ、日本人の生活と習慣を学ばせた。メイの周囲にいる日本赤軍の面々は、誰もがいい家庭教師となった。彼らは優しく親切であり、ニホンセキグンに属していた。メイはその言葉を記憶したが、その意味するところまではわからなかった。

　とはいえ日本の名のもとに保障されていた親密圏はそこまでだった。一歩屋外に出た時から、メイは自分が日本人であることを隠し通さなければならなかった。いやそもそも、彼女の存在自体を知られることが危険だったのである。驚くべきことではあるが、彼女は生れた直後に産院を離れ、ＰＦＬＰの伝手を頼って、山岳地帯に住むレバノン人の家に身を隠すことになったのである。房子は娘に、自分のことはマリアンと呼ぶように育てた。メイが房子の本名を知ったのは十代に入ってからのことである。

小学校から中学校にかけての時期を、メイはしばしばアンジェラと呼ばれ、けして日本人であると悟られないように、息を殺しながら暮らした。クラスに日本人の子女が転校してくると、アンジェラは自分の正体が発覚することを怖れ、別の学校へ転校した。母親はメイを置き去りにしたまま、しばしば長く家を空けた。理由は説明されなかった。そしてメイもアンマン、リビア、チュニジア……と、移動に移動を重ねる生活を強いられた。

母と娘の間には秘密の取り決めがあった。もしモサド（イスラエルの秘密警察）が自分たちのどちらかを誘拐し、拷問にかけて仲間の情報を得ようとした時にはどうすればいいか。拷問にはどう対処すればいいか。たとえどちらかが拷問に屈服して機密が漏洩し、そのために困難な事態が生じてしまった場合には、まず誰に連絡をとればいいか。また誰には不用意に連絡をとってはならないか。二人の女性は最悪から最善の場合までを想定し、シミュレーションの更新を怠らなかった。やがてメイは高校を出て、アメリカン大学ベイルート校（ＡＵＢ）に進学した。ここでは講義はすべて英語であり、彼女は以前ほどに日本人であることを気遣う必要はなかった。とはいえ日本人であることが最高度の秘密であることには変わりがなかった。

二〇〇〇年一一月、アメリカン大学の大学院の講義を待っていたメイは、房子が大阪で逮捕されたことを知らされた。ただちにアパートに戻りＴＶでＮＨＫ衛星放送を見ると、短髪の中年女性が大勢の警官に取り押さえられ、連行されてゆく姿が映った。母だった。彼女は勝ち誇ったかのように笑顔を見せながら、ＴＶカメラにむかってピースサインを送っていた。あらかじめ示し合わせていたことだったが、これは房子のメイに向けた合図だった。

ついに起きてしまったとメイは思った。次の瞬間、彼女は大きな混乱のなかに突き落とされた。母親を喪った娘は、自分のアイデンティティーを法的に立証するものを、何一つ所有していなかったからである。

だが、おそらくこの時、一抹の安堵の気持ちが彼女を襲ったことも事実であったはずだ。もうこれでモサドの追及に脅えなくともよいのだ。日本の警察に保護されているかぎり、母は暗殺や誘拐から安全であり続ける。自分もまた日本人を名乗り、日本語をおおっぴらに口にすることができる。しかし、それは何を意味しているのか。

すでにベイルートにいた日本赤軍の五人の面々は全員が逮捕されていた。リッダ事件の岡本公三を除く全員が、房子の逮捕の八か月前、レバノンから日本に引き渡されていた。メイの周囲には日本人は一人もいなくなってしまった。彼女だけが予告もなく置き去りにされている。とはいえ彼女が日本人であると証明してくれる者はいない、いや、それどころか、それを告げる一枚の紙切れすらも、残されていなかったのである。

メイは気を取り直すと、学友や周囲の友人に、自分が実は日本人であると初めて告白した。だがまだ重信房子の娘であると公的に語ることは、モサドの情報網を考えると危険だった。レバノン人の友人たちはメイの境遇に驚き同情したが、かといって法的に何ができるというわけでもない。そこに弁護士の大谷恭子と映画監督の若松孝二が到来し、メイの日本国籍を作成するために尽力をした。ちなみにこの時、メイをはじめ日本赤軍兵士たちが現地に残した三人の子どもたちに会った大谷弁護士は、彼らが新年になると玄関に干支の飾りを置き、書初めをし、鏡割りまでを行なうというさまを見て驚嘆した。房子ばかりか他の兵士たちにしても、ひとたび日本を棄て、日本の官憲に国際手配される身にこそなってはいたが、日本文化を尊重する気持ちには変わりなかった。というより日本に帰還できないと覚悟して以来、ますます伝統的な日本文化に帰依するようになり、それが異国の地に住まう次世代に継承されることを望んでいるのだった。

　メイに戻ると、ようやく念願のパスポートを手にした彼女は、二〇〇一年四月、初めて「祖国」日本の地を踏んだ。彼女は拘置所の面会室で、アクリルの板越しに母親と再会した。

　幼少時から日本赤軍の「おとうちゃん」や「パパ」と話していたこともあって、日本語には不自由しなかった。彼女はその美貌と如才ない会話能力、国際政治をめぐる認識を買われ、ＴＶのニュースキャスターとしてレギュラー出演することになった。日本に住みだした時、彼女は日本赤軍と自分の母親が日本では「犯罪者」として扱われ、いたるところの交番に顔写真が貼りだされていることに驚きを感じた。房子の姉の一家はメイを受け容れた。彼らは祖父末夫の墓参りに行った時、メイが日本の礼儀を完全に弁《わきま》え、先祖に対する敬意を抱いていることに感心し、異国の地にあって房子が与えた躾と教育に感謝した。祖母だけは最後まで頑なにメイと会おうとしなかったが、ある時ＴＶに彼女が出演しているさまを見て愛おしさに駆られ、彼女を受け容れることになった。

　わたしの母は革命の大義のために生きた。しかしわたしは母親のために生きるのだ。メイはそう宣言して、つごう一一年にわたって東京に滞在した。彼女はブラウン管の中で有名人となり、パレスチナを中心に中東問題を語るジャーナリストとして講演やシンポジウム参加を引き受けた。

中学校でパレスチナの料理教室を開いた時には、イスラエル大使館からテロリストの講演を許すなという嫌がらせの手紙が主催者のもとに送られた。メイはこうした多忙な日々のなかで韓国を訪れ、詩人キム・ジハと対談し、同志社大学で博士号を取得した。二〇一〇年末にチュニジアで「アラブの春」が勃発すると、アラビア語圏での最新情報を踏まえて、それを解説する書物を執筆した。もっともその後はレバノンに戻り、三月に一度、東京の獄中にある母親の面会に来ることを別にすれば、ベイルートで英語圏の国際的ジャーナリストとして活躍している。

重信房子とメイを、僕は個人的に知っていた。

房子との親交は、彼女が『ジャスミンを銃口に』（幻冬舎、二〇〇五）という歌集を上梓したことが切っ掛けとなった。「パレスチナわがまほろばの崩れゆく空のみ高しジェニンの町よ」という一首があり、それが強烈に印象に残った。ジェニンの町は足を運んだことがあるので、知っている。イスラエル軍による徹底した虐殺と破壊のしばらく後で、更地となった現場では広々とした道路が敷設され、コンクリの三階建て住宅の建設が急速に進められていた。あらゆる記憶の痕跡が消し去られ、高い建物がないために、ただ空の高さだけが目立った。だが僕にとって気になったのは別のことだった。

僕は日本の定型詩について体系的な勉強をしたわけではないが、それでも「まほろばの」という修辞が「大和」以外の言葉のために用いられることはないということは知っている。山の神の呪いを受けて死にいこうとしているヤマトタケルノミコトが、最後に「倭《やまと》は国のまほろば」と詠んだことがその典拠である。けれどもこの歌集の作者はあえてこの語をパレスチナのために用いた。それはいったい何を意味しているのだろうか。作者の政治的立場だけを尺度としてこの歌を判断してはいけない。むしろここでは、さりげなく静かな形でではあるが、日本語での詩的規範が組み替えられている。こうしたギアチェンジは、今後の短歌のあり方に何をもたらすことになるだろうか。

　僕は書評という形で、『新潮』にそのようなエッセイを寄稿した。するとしばらくして東京拘置所にいる作者から、書評の礼状が到来した。かくして文通が始まった。気を付けて月々刊行される短歌雑誌を眺めていると、重信房子は一般の歌人として作品を発表していた。『短歌現代』は別に獄中歌人だとも、赤軍歌人だとも騒ぎ立てることもせず、ただ他の歌人と同列に彼女の最新作を掲載していた。そうだったのか、重信房子は日本赤軍派最高幹部である以前に、現代短歌の歌人だったのだ！

　きわめて人権を無視したことだが、日本の刑法では刑が確定すると面会や書状のやりとりに著しい制限が加えられてしまう。もうすぐ東京拘置所から八王子の医療刑務所に移送されてしまうと、簡単に彼女に会うことが叶わなくなってしまう。二〇〇九年にそれを知った僕は支援者の会に連絡をとり、秋雨が冷たく降る午後、小菅《こすげ》の拘置所に面会にいった。アクリルの板越しの面会である。重信房子は僕の前に座ると、右手を掲げて透明な板の上方に擦りつけた。握手の代用だとわかった僕は、さっそく同じことをした。わずか十分の面接時間に何を話したか、今の僕はほとんど覚えていない。たぶん今だったらジョスリーンの撮影計画のことなど、直に話し合う用件が山ほどあるというのに、せっかくの機会を意味のない世間話で終えてしまったような気がしている。けれども面会が困難になってからも、僕は彼女の支援組織が発行する機関誌を通して、獄中の彼女の思索と状況を知ることはできるし、彼女は僕が送ったテロリズム映画論をどうやら面白く読んでくれたらしい。機関誌の後方に設けられた書評論で、自分の本が取り上げられていると知って、僕はうれしい気持ちになった。

ここでより正確に記しておくと、僕は実をいうとメイとは、母親よりも先に会っている。彼女が日本に「帰国」してまもない二〇〇二年頃、新橋のビルの地下にあるＴＣＣ試写室で、映画評論家の松田政男に紹介されたのだ。この時、僕は彼女に向かって、ある一本の貴重なカセットテープを送るからと約束をした。一九七三年五月、山口淑子《よしこ》がベイルートに、メイを出産した直後の重信房子を訪れてインタヴューした時の映像である。

山口淑子は戦前に満洲で生れ育ち、李《り》香蘭《こうらん》という芸名で一世風靡した女優である。彼女は戦後、日本名の本名に戻り、一九七〇年代初頭にはＴＶレポーター兼ドキュメンタリストとして、ヴェトナムからパレスチナまで世界の戦場を廻っていた。こう書いてみるとなんだかジョスリーンの大先輩のように思えてくる。一九七二年にはリッダ事件の直後のイスラエルに入国し、日本人を罵倒してやまないユダヤ人の群衆にもめげず、堂々とドキュメンタリーを撮って帰国した。七三年に撮られた重信房子特別インタヴューはその年のＴＶ大賞最優秀個人賞を受けた。僕は山口さんから個人的にこのカセットテープを借り受け、複写したものをメイに送ったのである。

僕は映画研究家として李香蘭について本を書くため、千代田区一番町にある山口さんのマンシヨンに、一時期頻繁に足を運んでいたことがあった。彼女は自民党の国会議員時代、パレスチナ難民問題に深く関わり、パレスチナ領事館を東京に設けるために腐心した。自分のことはジャミーラと呼んでください、アラファト議長がくださった名前です。初対面で彼女がいった言葉からも、彼女がパレスチナに深い好意と信頼をもっていることがわかった。イスラエルは満洲国と同じで、アメリカの後ろ盾がなくなればすぐに地上から消滅してしまう国家だから、いまあるうちに見ておいたほうがいいわよ。彼女がそう薦めてくれたこともあって、僕は二〇〇四年にみずから進んで文化庁に申し出、文化交流使としてイスラエルに赴くと、テルアヴィヴ大学で半年間にわたり日本文化を講義したのだった。結果としてこの半年は、どうにも消化できない異物を呑み込んだような体験だった。だがこのイスラエル体験が切っ掛けとなって、僕がパレスチナ問題に関心を抱くようになったことは事実である。

　山口淑子は二〇一四年九月、九四歳で亡くなった。リオ・デ・ジャネイロの大学で教鞭を執っていた僕は、その訃報を聞いてただちに追悼文を草し、新聞に書き送った。重信房子も獄中でそれを知り、ただちに追悼の歌を詠むと、支援者たちを通して発表した。彼女たちは一九七三年のインタヴュー以来、深く信頼しあう仲であったからである。

　その年の暮、帰国した僕に対し、ＮＨＫが同年に逝去した著名人を偲ぶという番組で、山口淑子について話してほしいと依頼してきた。僕は番組のなかで重信房子が詠んだ三首の挽歌を披露した。ＮＨＫのスタッフは文字通り血相を変え、収録のやり直しをするといった。まさか僕が「テロリスト」の短歌を仰々しく朗誦するとは考えてもいなかったからだ。僕は断固として相手にしなかった。『万葉集』の往古から、死者を追悼する歌を作るというのが日本文化の麗しき伝統である以上、国民放送であるべきＮＨＫがこの伝統を妨害することは許されないという論理を振りかざし、一歩も退かなかった。放映の時刻が迫っていた。結局、ＮＨＫは僕の論理に押し切られ、全国放送がなされた。

今から思うと、僕としても馬鹿な突っ張りを見せたものだと思う。まるでグラウチョ・マルクス張りの屁理屈ではないか。だがこの事件にはオマケがついた。フェイスブックでこの事件を報告し、問題となった重信房子の歌を掲載したところ、ただちにベイルートにいるメイから「いいね」のサインが送られてきたからだ。彼女と僕との連絡網は途切れていなかったのだ。

春先を告げるというにはあまりに冷たい陰鬱な雨が、大通りの街路樹を打っている。窓ガラスの隙間から冷気がこっそりと忍び寄ってくる。

僕は何日も何日も、ジョスリーンのアパルトマンに閉じこもって、重信家について日本語資料を脇に置きながら説明を続けた。ワガドゥグーでの疲れが消えていないといえば嘘だったが、とにかく短い滞在期間中に、できるだけ多くの情報を彼女に伝えておかなければならない。深夜近くまで資料の要約と翻訳を行なうと、すっかり疲れ果ててしまい、ジョスリーンが呼んでくれた車に乗ってポルト・ディヴリまで帰った。彼女は体力が日に日に落ちていったため、今ではどこへ行くにもタクシーを予約しなければならなくなっていた。

ジョスリーンは僕が重信家について、房子とメイのベイルート時代の生活とその後の状況の変化について長々と説明するのを、テープとメモを取りながらじっと大人しく聞いていた。彼女はただちにYouTubeで山口淑子の重信房子インタヴューを調べると、僕に説明を求めた。それからＮＨＫの事件は痛快だといった。

さあ、これからただちに二人に連絡をとってほしい。わたしの方はドキュメンタリーの原案を作るから。ジョスリーンはそういった。それからちょっと横目で僕の方を見て、時間があったら房子がどんなタンカを書いているのか、教えてほしいと付け加えた。こんなこともあろうかと思い、『ジャスミンを銃口に』は鞄の中に忍ばせてきたが、正直にいって僕には日本の格調高い定型詩をフランス語に翻訳するだけの語学力がない。素直にそれを白状すると、ジョスリーンは笑いながら、英語でも何でもいいよ、内容がわかればいいのだからといってくれた。そこで蛮勇を振るって、最初の方から順々に英語に直し始めた。いよいよ戦闘開始だ。

次の日からジョスリーンはメモを片手に、僕に細かな質問を矢のように浴びせかけた。

ヒャクニンイッシュとは何か。

日本の古典詩を使った遊びだよ。タンカだと思ってくれていい。百枚のカードに短い詩（タンカ）を記したものを、タタミの上にバラバラに散らす。何人もの男女がそれを凝視している。司会者が手にした別の百枚のカードの一枚を、ゆっくりと読みあげる。人々はそれを途中まで聞いて、それに対応するカードを見つけだそうと争う。間違ったカードを取ってしまうとペナルティが課せられる。百枚のカードのすべてが読みあげられたとき、一番沢山のカードを持っている人が勝ちだ。もちろん百篇の詩のすべてを記憶している人が強いのだが、同時に反射神経を磨かなければいけない。

それは学校で習うものなのか？　古典詩の勉強なのか？

いや、単なる遊びだよ。新年のパーティとか、特別な日の。でもこの遊びを習得することは、戦争前までの日本の若者にとって必修科目だった。美しいキモノを着た大勢の男女が、タタミの上に拡げられたカードを前に、次にどのカードを取ろうかと、真剣な気持ちで待っている。気がせくあまりに、誤って別の人の手に触れてしまうことだってある。でもそれは見知らぬ男女にとって恩寵とでもいうべき肉体的接触で、この偶然から恋が始まるということさえあった。

古典詩の暗記はたいへんだよね。ジョスリーンは笑った。きっと自分のリセ時代の失敗を思い出したのだろう。僕も笑った。

東京に行って、房子とメイの面会を撮影することはできるか。

まず無理だなあ。日本の刑務所がどれだけ囚人の人権を無視した非人道的な施設であるかは、国際的にも広く知られている。そこは懲罰の空間ではあっても、社会復帰を目的とした職業訓練の空間などではさらさらない。僕は一度、房子の面会に行ったけれど、差し入れの書物の表紙裏に献辞を自筆で書いただけで、その部分は印刷物ではないと判断され、表紙を眼の前でビリビリと破かれたことがあった。こっそりと録音機や撮影機を持ち込むなんて考えられない。トルコのギュネイ監督が刑務所の中から面会人に演出法を教え、映画を一本撮ってカンヌで受賞したという話が伝わってきた時、日本の映画評論家は誰もそんな話を信じなかったね。

僕が『ジャスミンを銃口に』のなかのいくつかの短歌を英語に直すと、ジョスリーンはすかさずそれについて細かな質問をしてきた。

「咲きのぼるブーゲンビリアの緋の塀を曲がればいつも君に出会った」

「ジャンプして高々と挙げた指先で捥《も》いだオレンジ私に投げた」

「銃口にジャスミンの花無雑作に挿して岩場を歩きゆく君」

　これは房子が自分の恋人のことを歌ったタンカだと思わない？　ここに出てくる男性はいつも美しい花々に囲まれていて、房子は彼の過去の姿を懐かしく思い出している。とても美しい光景だと思う。

　恋人かどうかは、簡単には断定できないよ。日本の詩は何かを明確に告知するために作られることもあるけれど、本来的には何かを意図的に曖昧にし、仄めかしたまま隠すために作られるからね。オレンジを房子にむかって投げた男がひょっとして、リッダ事件で爆死した赤軍兵士の同志を指している可能性だってある。その場合、オレンジとは手榴弾のことかもしれない。あえて手榴弾を房子に投げつけるという風に考えてみれば、挑発的な行為だという解釈だって成り立つ。ただ僕が感じるのは、正体が誰であれ、これらがすべて死んでしまった男性を追想して書かれた詩だということかな。房子にとってタンカを書くとは、死者のため喪に服することなのだ。それも異国にあって、異国で死んだ親しい者のために。

「北斗星まっすぐに指して語りたる君の視線はランボーになりぬ」

「『バラが好き』爆殺されたガッサンの散らばりし地にまたバラが咲く」

　ねえ、これってガッサーン・カナファーニーのことでしょ？　すごく美しい詩じゃない？

そう、ガッサーンはPFLPの機関誌「ハダフ」の編集者だったから、房子はしょっちゅう入り浸ってたんじゃないかなあ。彼は有名な作家で、デンマーク人の奥さんがいて、たしか『太陽の男たち』の日本語翻訳も少し後に出ていたと思う。でも七二年の七月に、停車中の車に仕掛けられた時限爆弾で殺されてしまった。リッダ事件に対するイスラエル側の報復だったのだろう。

房子は誰にタンカの作り方を習ったわけ？

日本の子どもはだいたい小学校の宿題で、ハイクやタンカを二つずつ作ってきなさいといわれるものだ。百人一首の歌は古典すぎてただちにお手本にするわけにはいかないだろうけど、日本で生活していると、タンカ的なるものに接する機会はどこにでもある。ただ房子の場合にはちょっと違うかもしれない。死んでしまった親しい人を繰り返し思い出し、その人たちの鎮魂を通してパレスチナを謳い上げている。彼女が長い懲役を宣告され、狭い部屋のなかから一歩も外に出られないでいるという環境も、タンカを作ることに影響しているだろうなあ。

父親の末夫が房子にタンカの作り方を伝授したということはある？

それは大いにありうると思う。末夫はリッダ事件の時にも、英雄たちを讃える堂々たる格調の漢詩をベイルートに送って来た人だったから、詩心《ポエジー》は充分にあっただろう。いささか古風ではあったが、古典的文化を持っていた。房子のタンカは甘く抒情的な旋律をもっているようで、その根底に厳粛な自己認識と道徳観が横たわっている。たぶんそれは末夫経由で伝えられた儒教的教養ではないだろうか。

わたしはもしできれば、まだ少女だった房子が末夫からタンカの作り方を習っているという場面を映画にぜひ撮っておきたい。でも末夫はとうの昔に亡くなっているから、これは回想場面をうまく処理するしかない。でも、こういうことはいえるだろうか。末夫の満洲行きと房子のパレスチナ行きとを並行して考えてみるというのは。

僕はそれは面白い発想だと思った。なかなか日本人で、思い切ってそれを口にする人はいないだろう。というのも日本では世間的にいうと、二人は右翼と左翼、水と油のように対立した陣営にあるといわれているからだ。末夫には軍国主義ファシストの残党というレッテルが貼られているだろうし、一方の房子は過激な共産主義者ということになっている。

でも二人とも自国での政治闘争に挫折して、外国での解放闘争に身を捧げた……。

パレスチナの場合にははっきりそういえるが、末夫の行った満洲はどうだっただろう。実際、彼があそこで何をしていたかは、いっさい記録が存在していなくてわからない。ただパレスチナに関するかぎり、房子は熱心な民族自立論者であったし、そこには一度はクーデタに身を任せようとした若き日の末夫の情熱がかならず反映されていたはずだと、僕は思う。

ここでジョスリーンはまったく唐突に、ハリウッドフィルム『ラストサムライ』の話を持ち出してきた。日本赤軍と『ラストサムライ』を結合させて考えることはできないだろうか？

僕はまたしても黙ってしまった。ジョスリーンの無知を指摘することは簡単だったが、彼女の口から次々と飛び出す発想の、自由といえば自由なあり方こそが、ドキュメンタリーを創造する上で重要なことではないかと考えたからである。なるほど彼女は日本近代史について充分な知識を持ってはいなかったが、偏見と先入観を持っていない分だけ、僕には思いつかない着想を思いつくことができたのだ。

『ラストサムライ』とは次のようなフィルムである。

南北戦争で疲弊した北軍の側の青年が、明治維新直後の日本を訪れ、恐ろしい速さで近代化を進めているときの政府の要人と交渉をもつ。そのうちに彼は維新に置き去りにされ、前近代のエトスをいまだに保ち続けている旧士族の間に、新政府に対する憤りが鬱積していることに気付く。やがて旧士族は日本の西南部で蹶起する。彼らは刀や弓矢といった前近代の武器しか持ち合せていないため、西洋化された新政府の軍隊の前に、次々と敗退していく。だが主人公のアメリカ青年はいつしか旧士族の側に共感し、彼らの側に立って戦っている自分に気付く。そこには彼が見失って久しい、アメリカの魂があるように感じられたからだ。

『ラストサムライ』の筋立ては、日本人の立場からすれば荒唐無稽としかいいようがない。だがそう断言するだけではすまないものがあると、僕は当初から睨んでいた。西部劇の変形ともいえるこの映画が世界的に、というより中近東でヒットしたことの原因を、それなりに考えてみたいと思ったのだ。レバノンのように、他国の軍隊に侵略されたばかりか、残酷な内戦状態を強いられてきたところでは、日本人やアメリカ人とはまた異なった眼でこのフィルムに共感する観客がいるのではないか。

僕はテルアヴィヴ大学で教鞭を執っていた頃、しばしば境界線を抜けて、レバノン河西岸のパレスチナ自治区に足を向けていた。イスラエル軍の検問所の傍には、たぶん多くの人が集まるからだろう、路上にはたちどころに簡単な市場が生れ、バケツや食器といった日常用品とともに、たくさんのＤＶＤが並べられることになる。どれもひどく安価なのは海賊版だからだ。そのなかでもブルース・リーとともに『ラストサムライ』は人気があり、日本人の僕は街角を歩いていると、よく「ラスト・サムライ！」と声をかけられたものだった。

　期待にたがわず、ジョスリーンは『ラストサムライ』が大好きだった。僕は知り合って最初の頃、彼女が戦艦大和と山本五十六の映画に強い関心を持っていたことを思い出した。おそらく彼女はこのフィルムを前に、二つの分裂したレバノンにあって、長きにわたって続いた内戦の熾烈さを想起していたのかもしれない。映画というものは、それを観る者の個人史と無意識のあり方によって、しばしば当初に制作者が意図していたイデオロギーやメッセージをはるかに凌駕した読まれ方をされるものである。だが『ラストサムライ』が西南戦争をモデルにしていると考えた時、僕はこれまで考えたことのなかった事実に思いあたった。

『ラストサムライ』はアメリカ軍の敗残兵が異国の地に渡って、現地の内乱に参加する話だ。この内乱のモデルとなった不平士族の叛乱蹶起は、実際に九州で起こっている。

　でもそういえば、ジョスリーン、日本赤軍の兵士には九州出身者が多いんだなあ。今、初めて気が付いたよ。リッダ事件の岡本公三は熊本出身で、鹿児島大だし、足立は福岡だ。重信の家は代々が日向の士族で、鹿児島の島津の侵攻に抵抗したこともあるらしい。おそらく末夫はこうした九州が、一方では近代日本の政治権力を握る人士を輩出したものの、その裏側で、置き去りにされた旧士族のルサンチマンを深く宿していることを自覚していた。現に重信の家は日本の近代化とともに没落してしまったのだから。

僕が咄嗟に思いついた説明はきわめて即興的なものだったが、ジョスリーンをそれなりに納得させたようだ。彼女はもし可能であったら、サムライの原郷である九州に連れて行ってほしいといった。重信房子から出発した話の重心が、いつの間にか末夫へと移っていた。末夫はどういう人だったのか。写真はないのか。彼女が矢継ぎ早に浴びせかける問いを受け止めているうちに、僕には少しずつ気付くようになった。ジョスリーンは明らかに自分と父親との関係を、房子と末夫のそれに投影しようとしている。末夫なる人物の思想と行動を理解し、末夫と房子の間の強い信頼関係を確認することを通して、亡くなって久しい自分の父親へのさらなる接近を企てようとしている。

だが、方向を変えてみれば、それはメイの父親に対する関心にもそれは関係していた。メイの父親は誰だったの？　ここにある資料のなかに、父親について語っているものはないの？

僕はそれに応えられなかった。僕が手にした重信房子の三冊の著作にも、彼女の友人が書いた評伝にも、メイの父親については、その名前どころか、どのような人物であったかも、記述されていなかったからである。僕はジョスリーンの拘泥が理解できないわけではなかったが、自分ではそれを解くことはできなかった。

試行錯誤を重ねながらも、ジョスリーンの重信母娘をめぐる探究は少しずつ進んでいった。YouTubeにはメイについて、さまざまな映像が残されていた。TVのニュースキャスターとして活躍していた時代の映像もあったし、近年に生じた「アラブの春」についてジャーナリストとして発言している映像もあった。彼女がオサリヴァンの『革命の子どもたち』とは別に、ボードレールというパリを拠点とするドキュメンタリストの作品に登場していることも判明した。この時は足立正生の方に重点が置かれ、彼がよく発言していた。

大丈夫かい、ジョスリーン？　もうメイについて二本も映画が撮られているよ。
だから新機軸を出すのよ。わたしには自信がある。メイは母親を持ちながらも孤児《みなしご》だった。沢山の名前と無国籍、それに家を転々とし、自分の母親の本当の名前すらずっと知らなかった。母親は目の前に現れたかと思うとすぐに消えてしまい、メイは不在だけを話し相手として育った。こんな人生って、考えられる？　その彼女の運命が、母親の逮捕の後で一変する。これまで自分の痕跡を消し、声を殺して生きてきた女性が、今度は自分の存在を公的に確認させ、母親とともに生き延びる手立てを考えるために困難な闘いを開始する。残念ながらこれまでの二本のドキュメンタリーは、そこまで踏み込んでいなかった。だけどもわたしは違う。わたしは自分の闘いのためにこの映画を撮るのだから。

僕は獄中にいる房子に手紙を書いた。ジョスリーンの経歴を手短に説明し、彼女が三〇年以上にわたって、ベイルートという都市の証言者として映画を撮影してきたと書いた。あなたとメイさんのことをドキュメンタリー映画で描きたいといっている。ついては協力していただけるとうれしいのですがという文面で、手紙を締め括《くく》った。数年前、彼女は小菅の拘置所から八王子の医療刑務所へと移送されていた。パリからの手紙はおそらく一週間ほどで届くだろう。僕への返事は直接にではなく、支援者を通して来るはずだ。

次に僕は足立正生に連絡してメイのメイルアドレスを聞き出し、同じ用件を書き送った。ジョスリーンも自己紹介を兼ねて、ドキュメンタリーの企画を説明するメイルをメイに送った。メイが僕のことを記憶しているかは、正直にいって自信がなかった。しかしフェイスブックを調べてみると、彼女が頻繁にメッセージを投稿していることが判明した。ベイルートの大学の同級生たちと日本に観光旅行に出かけ、温泉を愉しんだり、豪華なお刺身コースを前に歓声をあげているといった映像が並んでいる。それを眺めているかぎり、日本のどこにでもいる女の子と少しも変わらない。ただときおり中東情勢をめぐる最新情報がタグ付けされていたりするところが違っている。

　はたしてメイから返信は来るだろうか。いや、そもそも彼女が僕ら二人のメッセージを前に、警戒心を解いて、真面目に受け取ってくれるという保証があるだろうか。彼女のもとには世界中からさまざまなレベルのメイルが到来しているはずで、中には悪戯や政治的嫌がらせ、いや、さらに劣悪なものも混じっているかもしれない。僕とジョスリーンは、運を天に任せて返事を待つことしか方法がなかった。

　こうして数日が経過した。僕たちの探究は蝸牛《かたつむり》のごとき速度ではあるが、少しずつ確実に進んでいった。ジョスリーンの日本赤軍についての理解は着実に深くなり、それと並行して房子とメイに対する共感も強くなっていった。僕はある時点で日本事情の説明者としての自分の役割が終わるだろうと予想した。ジョスリーンがメイに会って、二人の間に信頼関係が築かれさえすれば、後は動乱の現場で四〇本ほどもドキュメンタリー映画を撮ってきた監督のことだ。映画制作の手はずは自動的に進行していくことだろう。もし憂慮すべきことがあるとすれば、それはジョスリーンの健康状態だけだ。

だがそう断言しようとした時、僕は故意にあることを伏せている自分を考えざるをえなかった。ジョスリーンに知らせていないことがあった。それは重信房子が深く癌を患っているという事実だった。

支援者の会が定期的に刊行している『オリーブの樹』には、巻頭言の後に房子の新作短歌、日記、それに長編論文の連載が掲載されている。日録には来信の有無とその内容にはじまり、さまざまな日々の偶感が記されている。それを読むと、彼女が逮捕されて一六年が経過したのに、相変わらず意気揚々としていて、牢獄の外部で起きている政治的・社会的事件に批判的な眼差しを向けることを忘れていないことが判明する。日録は支援者を安堵させる唯一の情報源である。だがその執筆は同時に、執筆者である重信房子にとっても貴重な心の支えとなっていることがわかる。彼女がいずれ釈放された時、この日録はどれくらいの枚数に達しているだろうか。おそらく数千枚という規模だろう。私見であるが、それは二〇〇〇年以降の日本と世界情勢を監獄の内側から見つめたドキュメントとして、歴史的な意義を持つことだろう。

ところが二〇一六年の時点で、この日録においてもっとも頁が割かれていたのは癌についてのことだった。重信房子は四年前にS字結腸の腫瘍が発見されて以来、これまで四回にわたって開腹手術を体験してきた。そのたびごとに日録には検査、中断、手術、回復の過程が事細かに綴られている。東京の刑務所病院では手術のために充分な設備がないため、わざわざ大阪まで囚人護送車に乗せられて運ばれ、手術終了後にふたたび東京へ戻されたこと。刑務所病院では囚人といえども患者なので、待遇に若干の変化が見られること。それにしても人間に自然に備わっている回復力には恐るべきものがあること。こうした事実が毎日の脈拍数や癌検査の数値とともに並べられている。

僕は三か月に一度送られてくる『オリーブの樹』を読みながら、どのような状況にあってもそれを冷静に記録し分析的な姿勢を見失わない重信房子の文章のなかに、強靭な生への意志をいつも感じていた。文字通り、彼女は不屈の人生を生きてきた。来たるべき映画の企画についてジョスリーンと話している時に、ふと獄中にいる房子の深刻な事態のことが脳裏を横切ることがあった。そのたびに僕は、せめてこのドキュメンタリーが完成し、自由になった彼女がそれを大きなスクリーンで観ることができるまでは、彼女の身体の奥に宿った癌には、なんとか再発を思い止まっていてほしいという、痛切な気持ちを感じていた。

だがこうした憂鬱を直接、ジョスリーンに告げる勇気は出てこなかった。僕の眼前にいる映画監督も同じ病に蝕まれ、それと懸命に闘っている。もはや余命がわずかしか残されていないと医師に宣告され、であるなら何とか体力が持ちこたえている間に最後の作品を完成したいと切に望んでいる。その彼女に、彼女が監督として向かい合おうとしている人物もまた癌であり、獄中という隔絶された状況のなかで独り孤独と闘っている。こうしたことを、いったい誰に、どのように告げ知らせればいいだろうか。もしそれがジョスリーンの寄る辺なさにいっそう油を注ぎ、焦燥感の炎を燃え上がらせることになったとしたら。もし彼女が絶望に陥ってしまったとしたら。

僕には告知がひどく残酷なことのように思えた。とはいえ、だからといって困難な病気を宿命のように抱え込んでしまった二人の女性の間にあって、自分に何ができるというのだろう。僕は徹底して無力だった。そして充分に怯懦《きょうだ》だった。ジョスリーンと重信房子の両方が生命の極限の場所に立ちながら、けして妥協することもなく、自分の確信するままに、堂々と茨の道を歩んでいくさまに立ち会っていながら、告知の決断を一日一日と延ばしていく勇気のない人間だった。

いよいよ明日が東京に戻るという日の夜、ニコルが僕たち二人を招いた。カルチェ・ラタンの学校通りを曲がった路地にある、小さなコルシカ料理店だった。普通のレストランでは考えられない分量の生ハム盛り合わせが出た。ジョスリーンは手を付けなかったが、愉しそうにしていた。

ニコルは上機嫌だった。憧れの的のゴダールが新作に着手し、彼女に協力を求めてきたのだという。それがね、パレスチナについての映画だっていうのよ。ニコルはそういいながら、いつも通りおびただしい引用からなるゴダール作品のために、パレスチナ関係の映像をたくさん集めておいてほしいという依頼を「神様《ゴッド》」から受けたのだといった。

今度の新作ではサイードの引用が登場するのよ。ニコルは言葉を続けた。他者を表象するという行為はかならず暴力を伴うこと。にもかかわらず、そうして作り出された表象は、一見したところ、穏やかな外見を装っていること。

ニコル、サイードってフランスではどのくらい知られているわけ？　僕が尋ねた。

この十年くらいかしら。トドロフが序文を書いてパレスチナ帰郷記の翻訳が出たりしたのは。でも最近、ドミニク・エデというアンドレ・グリーンのお弟子さんが、精神分析の立場からモノグラフを出したばかりよ。

ドミニクって、わたし知ってるわ。大学で同学年だったかな。ジョスリーンが嬉々として口を挿《はさ》んだ。一時はサイードの愛人なんじゃないかって、もうベイルートではその噂で持ち切りだったんだから。ジョスリーンはゴシップが大好きで、どんなに元気のない時でも知らない噂話があると目を輝かせて聞いてくることを、僕は知っていた。

それから三人はジョスリーンの新作の構想の話になり、つい数日前、シャンゼリゼでの爆破事件に関係していたというので、かの有名なカルロスの再審議が始まったという話に移った。僕はタクシーでジョスリーンを送り届けた。彼女はやはり疲れていたようで、車を降りてアパルトマンの前まで歩こうとしたところで、急に動けなくなってしまった。それから大丈夫といった身振りを見せ、玄関の扉を開けて入って行った。

トルビアック通りに戻った僕は、パソコンのなかに山形国際ドキュメンタリー映画祭からのメイルを発見した。今年の一〇月に開催される映画祭でサアブ夫人にコンペティションの審査員を依頼したいのだが、正式な依頼をする前に、念のため本人に意向を伺ってもらえないかという文面だった。朗報だった。僕がアテネ・フランセ文化センターで彼女のフィルムを上映した時、山形のキュレイターがちゃんとそれを観に来ていたのだ。これでジョスリーンは東京に行き、新作のためのリサーチを進めることができる。日本でもドキュメンタリー監督として、きちんと認知されることになる！

僕はただちにジョスリーンに電話をしたかったが、それは諦めた。彼女はもう眠りについているだろう。だがはたして彼女は山形に到達することができるだろうか。映画祭の開会までまだ半年以上もあるのだ。その間に病状がどれほど進行するか、僕には予想もつかない。

きっと僕もまた疲れているのだ。悪い方向にばかり考えが向いてしまう。朗報は朗報として、素直に受け取ればいいではないか。そう思っているうちに、僕はいつしか眠りに落ちていた。

三月終わりに帰国してからは多忙の日が続いた。僕はかつての母校で講義を開く一方で、ある雑誌に文学論の連載を始めた。その合間を縫って、『ジャスミンを銃口に』の英訳を少しずつ続け、出来上がった分をそのたびごとにジョスリーンに送った。

ほどなくして東京の僕の住所に、支援者を介して房子からの手紙が到来した。彼女は僕らの意図を正確に理解してくれ、ドキュメンタリーの制作を歓んでいた。娘のメイはジャーナリストを志望して修業しているのだけれど、もしできることならジョスリーンさんのところに弟子入りさせて、ドキュメンタリーを撮る勉強をさせたいという希望が記されてあった。これで第一関門は突破できた。僕はただちにそれをジョスリーンに報告した。

ジョスリーンはロンドン大学バーベック校に招かれて、『ベイルート三部作』を上映していた。質疑応答の真面目な感じにいい印象を持ったらしく、その合間を縫って大学の近くにヴァージニア・ウルフの足跡を訪ねることができたとメイルに書いてきた。病状は安定しているようだ。僕は折り返し、東京でようやくリヴェットの『アウト・ワン』を観ることができた、この長編で女泥棒を演じているジュリエットは本当にスゴイよねと書いた。ジョスリーンは、羨ましい、あのフィルムは十時間以上なので、パリでも十年に一度、上映されればいい方で、自分は一度も観たことがない、東京でいっしょに観ることができたらどれほどよかったか、と返事してきた。だがそのうちにジョスリーンのメイルに憂鬱な影が差してきた。病院で検査を受けたところ、しばらく落ち着いていたはずの数値が、またかなり上昇している。かくなる上は、もう一度シンガポールに向かい、漢方医の判断を仰ぐしかない。だが彼女をいっそう憂鬱にさせていたのはメイから何の連絡もないことだった。

彼女は不安を抱えながら写真展と新作フィルムのためにイスタンブールに向かった。新作は『一日一ドル』という題名で、ベイルートに大量に流れ込んできたシリア難民を主題としていた。彼らは郊外の塵埃処理場に住み着き、周囲に放置されている広告用のビニール素材や木材を用いて仮の住居を建てると、国際的な支援団体から一日一ドル分の食事クーポンを与えられて生きている。大衆消費社会ベイルートの広告映像が難民キャンプの屋根に転用される。ジョスリーンのフィルムは短編ではあったが、難民の姿を平然と無視して冷酷な無関心を決め込むベイルートのプチ・ブルジョワへの、激しい怒りに満ちていた。もっともイスタンブールに到着した彼女が目の当たりにしたのは、エルドアン大統領による恐るべき独裁政治だった。政教分離を長らく謳ってきたこの大都市のあちらこちらに新しいモスクが建設され、オットマン帝国時代の服装に身を固めた原理主義者たちが、我が物顔に往来を闊歩している。少なからぬ知識人が投獄されており、そのなかにはジョスリーンの知人の大学人も混じっていた。

僕は療養中の房子に、メイから何の音沙汰もないので困っていると手紙を書いた。彼女がこうした突然の申し出に疑いを抱いたとしても不思議ではないが、これはけして彼女を政治的に、また営利目的で利用したりするといった企画ではない。何とかお母さんの立場から、ジョスリーンに連絡をとるようにいってもらえないだろうか。僕はおおよそこうした文面の手紙を認《したた》めると、八王子の刑務所病院宛てに投函した。

二週間ほどして、僕のもとにメイからメイルが入った。コンピュータの調子が悪くて連絡がとれなかった非礼を詫びていた。同じころにジョスリーンのもとにもメイルが到来した。ジョスリーンは狂喜して、それを僕に知らせてきた。彼女はシンガポール行きの航路を変更し、途中でベイルートに数日立ち寄ることにした。

こうしてジョスリーンとメイの最初の邂逅は実現した。二人はベイルートの海岸にあるレストランで昼食を摂りながら話をした。『ベイルート三部作』のなかで語り手が、パリの友人にむかって街角の惨状を告げる手紙をせっせと書いていたカフェ・ラウダである。いい天気の日だった。風が微かに吹いていたが、空は青く高かった。メイの姿を最初に認めたジョスリーンは、何と明るい、何と太陽のような雰囲気の女性だろうという印象をもった。

その日の夜、興奮冷めやらぬジョスリーンは、僕に長いメイルを書き送った。要点を掻い摘んで記しておこうと思う。

ジョスリーンはメイにむかって単刀直入に、あなたを主演にしてドキュメンタリー・フィクションを撮りたいから協力してもらえないだろうかと提案した。ひとつの核となるのは一九八二年、あなたが九歳の時に体験したベイルート包囲の時期で、もうひとつは二〇〇〇年にあなたのお母さんが逮捕され、あなたの存在そのものが宙に浮いてしまった時期のことだ。その当時の思い出を自由に話してもらい、いっしょに脚本を練り上げていきたいと思う。

茫然としながら何もいえないでいるメイに対し、ジョスリーンは緊張を和らげようとして、たとえば次のような場面を撮るのはどうだろうかと持ちかけてみた。

房子の短歌／獄中で短歌を綴り、それを自分で読み上げてみる房子／メイが房子を面会に訪れる／二人は八分しか時間が与えられていないので、ひどく早口で話す／メイは刑務所を後にしながら思い出す。幼かった頃に短歌の作り方を教えてくれたのは父親だったと、母が語っていたことを。

ジョスリーンが一例として語った映画のイメージが呼び水となったのか、メイはぽつりぽつりと語り始めた。小さい頃はいつも母親とは離されていた。ベイルートのアパートに住んでいたのだけれど、とにかく頻繁に場所を変えなければならなかった。難民キャンプの時もあった。キャンプのなかは標識でいっぱいだった。ずっと後になって日本に帰った時のことだけど、お祖母ちゃんだけはわたしにどうしても会ってくれなかった。わたしは弁護士の先生に相談した。お祖母ちゃんがいうには、娘の房子のことでずっと大変だった。孫のことでこれ以上、同じような目に遭いたくないんだって。でもお祖母ちゃんはＴＶでわたしを見て、いっぺんに好きになってくれたみたい。弁護士の先生に電話して、あの子を連れてきてちょうだいといった。わたしを抱きしめてくれ、わたしの母の若い頃の話をしてくれた。母はお祖父ちゃんのお気に入りだったらしい。二人は政治の話になって意見が違うと、何時間も何時間も話していたって。

　メイの話を通して、ジョスリーンは房子が癌を患っていることを知らされた。東京の刑務所病院は古くて満足な手術設備がないため、房子は開腹手術のため、大阪の刑務所病院へと運ばれることになった。わたしはこの時に一度だけ、母の手を直に握ることが許された。母はなんと弱々しいのだろうと思った。母を助けてあげたいと、心の底から思った。母は革命の大義のために生きたけれど、わたしは母のために生きるのだと、この時決心した。母の刑は重かった。いっしょにベイルートにいた人たちは三年くらいの刑だったのに、母だけは二〇年だ。一審の判決が下された日が二〇〇六年の二月。アメリカの世界貿易センタービルが破壊されてから五年近くが経っていたけれど、まだまだ事件の衝撃が生々しく記憶されていた時期で、母は見せしめに重い罪を科せられたのだと思う。裁判では誰も、母が有罪であるという証拠を提出できなかった。ただ初めから有罪に決まっているという前提に基づいて、罰を下したのだ……。

　ジョスリーンはこうして、メイとの最初の対話を事細かに書いてきた。不思議なことであるが、彼女が房子の闘病生活をメイの口から聞いたことで、わたしは少し自分の責任が軽減したような気になった。もっともジョスリーンはメイとの出会いにただ興奮していたわけではない。それとなくメイのささいな仕種を観察し、ドキュメンタリストとして彼女に接近する視点をどこに置けばよいのかを模索していた。メイは単なる情報提供者ではない。彼女は映画の主役なのだ。他に置き換えることのできない主役としての人格を、どのように描いていけばいいのか。

　最初の出逢いの場で、ジョスリーンは二つのことに気が付いた。

ひとつは二人が海辺のレストランで話していた時、見知らぬ女性が近寄ってきて、メイにむかって「アラビア語がお上手ですね」と話しかけてきたことである。メイは自分たちの会話にずっと聞き耳を立てていた人物がいたという事実に一瞬警戒したが、それを噯気《おくび》にも出さず、「長く住んでいるものですから」と応え、そのまま相手にしなかった。いかにも型に嵌った表現であるが、それは彼女が幼少時から現在に到るまで、同じ質問を何十回となく受けてきたことを示していた。

　メイは自分がどのような仕事をしているのかを、いっさいジョスリーンに語らなかった。ただもし撮影が本格化して、数か月にわたり日本に滞在しなければいけないのだったら、今の仕事は辞めなければいけないとだけいった。だがジョスリーンにとってもっとも気懸りだったのは、メイが自分の父親について語ることを拒否したことだった。どう思う？　誰が父親であるかというのは、アラブ社会ではもっとも大切なことなのよ。でもメイはこちらが尋ねてもいつも曖昧に誤魔化してしまい、父親の名前を口にしようとしない。

　この長いメイルを受け取った僕が安堵しなかったといえば、嘘になるだろう。ともあれ二人が出会ったことは大きな進歩だ。僕は母親の房子に、おかげさまで制作は順調に進んでいますと、感謝の手紙を書いた。ジョスリーンもまた房子宛てに手紙を書いた。僕はそれを日本語に直すと、自分の手紙といっしょに投函した。そのなかでジョスリーンは、自分はもう四〇年以上も前のことになるが、日本赤軍がベンガジ空港で飛行機を爆破した時にそれを撮影した者であると告げ、新しいドキュメンタリーの意図を手短に説明していた。

「わたしの第一印象、それは重信メイさんの、明るく、太陽のような性格です。この方はかつてのお母さまに似て、同じくらい聡明な感じがいたします。わたしはお会いした時から夢中になり、彼女についての映画を撮ることができればなあと強く思うほどでした。子供の頃にすごした難民キャンプのなかでの暮らしをはじめ、大きくなってからの心の悩みとか、彼女がお母さまの命を守るため、あちこちに場所を変えて生きてきたとか……それからお母さまの肖像、彼女の過去……お母さまの御両親……こうしたすべての事柄がメイさんという、他に置き換えることのできない人格をみごとに築き上げてきたわけです。

単に美しいドキュメンタリーを撮る気はありません。メイさんとお母さまを中心とした、美しい物語でなければいけないと思います。二一世紀の初めに、わたしたちがこれまで後ろに置きざりにしてきたすべてを思い出すことは、素晴らしいことではないでしょうか」。

ジョスリーンは山形映画祭からの招聘を正式に受諾したらしく、映画祭の側からは『ベイルート三部作』を中心に彼女の回顧上映を今回の映画祭のトピックにしたいといった旨のメイルが到来した。僕は映画祭のパンフレットのために、監督の経歴や作品の概要についていくつも小さな文章を書き、それが英語に翻訳されるとチェックを行なった。

ジョスリーンは三六年ぶりに日本に行くことが決まり、うきうきとしているようだった。自分の体調からいって、パリから直接に山形に行くことは避けたい。まず東京に数泊して体調を整え、それから徐《おもむろ》に山形に向かいたい。山形が終わるとしばらく東京を拠点に、いろいろな場所を訪れたい。東京のどこに宿泊するのがいいだろう。刑務所の面会室で房子と話をすることはできるだろうか。父親の末夫についてリサーチは可能だろうか。もし可能なら九州を訪れてみたい。九州の人間のメンタリティを知ることが、今回の作品に有意義であるといいのだが。それにどこか広い会場を借りて、イスタンブールやロンドンで行なった時のように、自分の写真やインスタレーションを展示するということはできないだろうか……。

　細部にわたって旅行の計画を立て、僕に意見を求めてくる時のジョスリーンは、いかにも幸福そうだった。そこで僕は彼女の東京計画についてメモを取り始めた。

　まず彼女の上映と講演が山形だけというのはもったいない。以前に上映会を開いたアテネでも今度は『デュニア』を上映し、僕がインタヴューをするという形で彼女に話してもらおう。その後、お茶の水か新宿のどこかでレセプションを開くのだ。僕の家に個人的な知り合いだけを呼んで、ホームパーティをするという手もある。けれどもインスタレーションとなると、話は別だ。アテネは基本的に上映館だから展示は無理だし、国際交流基金のような機関に助成金を申請するにはもう時期が遅い。ではジョスリーンに会っておいてもらいたい人物は誰だろうか。僕は指折り数えだしてみた。

　まず筆頭は足立正生であり、『オリーブの樹』を独力で編集している山本万里子だ。映画関係ではドキュメンタリー映画作家の原一男。それからアラブ世界の映画を専攻している研究者の佐野光子。彼女は二〇〇六年にカイロで『デュニア』が上映された際に、すでにその時点でジョスリーンと言葉を交わしていた。パレスチナ・フェミニズムが専門だと自称する人物も日本にはいないわけではないが、案内状を送ってもきっと多忙で、映画を観にくることはないだろう。総じて僕はこと映画に関するかぎり、日本のアラブ研究家にそれほどのことを期待していなかった。その一方でぜひ会わせたいのが鈴木邦男だ。新左翼ならぬ「新右翼」を主唱するこの活動家は、晩年の重信末夫と親交があった。彼はジョスリーンが抱いている質問に、僕なんかよりもはるかに的確に応えてくれることだろう。

僕がこうした計画を漠然と考えているうちに、ジョスリーンからメイとの二度目の出逢いを告げるメイルが到来した。今度は海岸に近いスポーツクラブでゆっくりと昼食を取り、四時間にわたって話したという。最後には話が盛り上がって、次に会う約束までした。ベイルートから四〇分ほどの山中に友人が住んでいて、自分の今度の誕生日を祝ってくれることになっている。メイを誘ったら、二つ返事でいっしょに行くといったらしい。

やがてシノプシスが添付文書として送られてきた。

シノプシスはまずベイルートの大学の新学期の日、一人の美しい女子大生が突然かかってきた電話で、母親が日本で逮捕されたと知らされるところから始まっている。彼女が慌ててＴＶで日本の衛星放送を見ると、そこには母親の房子が手錠をかけられ連行されていく映像が映っている。母親は二人の刑事に両脇を押えられているにもかかわらず、痩せて細くなった手首を懸命に振り上げ、口元に微笑を浮かべている。その姿を見てメイは、これは「大丈夫よ、心配することはないよ」という、自分に宛てたメッセージであると気付く。

二七年にわたって、母娘はモサドの追及を逃れ、身を隠しながら生きてきた。メイは五歳の時から、母が逮捕された場合の身の処し方について、リハーサルを続けてきた。今や、彼女は自由となった。だが、どうすればよいのか。その身元は蜃気楼のように儚《はかな》げだ。日本語、アラビア語、英語……彼女は何語を持って、自分の身の証を立てて行けばよいのか。

ここで精神分析のフロイトの「快楽原則の彼方」（一九二〇）という、興味深い論文が援用される。幼児には気に入った玩具《おもちゃ》をわざと遠くへ放り投げ、それをもう一度見つけては悦びを感じるという習慣がある。この遊戯を媒介として、子供は現実世界へと足を踏み出していくのだ。幼少時代のメイと母親の間にも、似たような遊戯的関係があった。母親は突然に姿を消し、ひと月ほどして、ふたたび突然に戻ってきた。母親の不在と出現を娘は遊戯として受け入れることで、母親が担っている政治的抵抗闘争の重みを軽減して耐える術を学んだ。

二七年の間に通算すると、母親はわずか五年か六年ほどしか、娘とともに暮らさなかった。母娘であることの発覚を怖れ、二人はけしていっしょに写真を撮らなかった。母親はある時母娘がいっしょに写っている写真を二枚準備し、一枚をメイに渡すと、もう一枚は自分の懐に入れた。これと同じ写真を持っている人でないかぎり、絶対に他人を信じてはいけないと、彼女はいった。

母の逮捕から三か月して、日本から弁護士がメイのもとに現れ、問題のその写真を見せ、『りんごの木の下であなたを産もうと決めた』という母の書き物を手渡した。彼女の尽力によって、メイは日本国籍が取得できた。そこへさらに日本の著名な映画監督が現れ、メイの帰国の準備に取りかかった。メイの「帰国」は、あたかもマリリン・モンローの来日であるかのように大きく報道された。彼女は中東とパレスチナ問題に強いジャーナリストとして、TVで活躍を開始した。ようやく人前で堂々と日本語を話せるようになり、母親が学生時代に抱いていた、国際的なジャーナリストになるという夢を実現したのだ。今回のドキュメンタリーでは、こうした波瀾万丈の人生のなかで、メイが人間としてどのような感情生活を生き、それを伸展させてきたかに焦点を絞る。

とはいえ、数々の疑問が浮かび上がってくる。メイは母親が不在の間、どのようにして生きてきたのか。見知らぬ人々の家を転々とする生活は、彼女にとってはたして遊戯だったのか。それとも生死を賭けた、深刻な事件だったのか。彼女は日本人だと発覚することを避けて、五回にもわたって高校を変えたが、その場合、友人はどうなったのか。ドキュメンタリーのなかでは、メイへのインタヴューを通し、彼女が幼少時以来抱いてきた記憶を、歴史的、政治的文脈のなかでみずから解釈し了解してゆく過程を追う。

シノプシスにはこうしたジョスリーンの構想が、英語とフランス語でびっしりと記されていた。何と情熱に満ちた、熱っぽい企画書だろう。僕は腰を据えてこれに返答をしなければいけない。

ジョスリーンのメイルの最後には、最初のスクリプトがもうすぐ完成するのだが、その前にできれば頼んでおきたいことがいくつかあるとあった。一つは日本のアニメーションについてだった。できれば今回の作品の一部にアニメを使用したいのだが、そのために基本的な勉強をしておきたいのだという。

僕はジョスリーンと知り合った頃、彼女が『火垂るの墓』を褒めていたことを思い出した。その後も彼女は宮崎駿や高畑勲のアニメをいくつか観たらしく、日本のアニメこそは少女の人生に対する情熱を、もっとも真摯に描くことができるジャンルであると確信するまでに到っていた。

今回の作品では現実のメイを撮影することは可能だが、房子についてはそれが不可能だ。とはいえメイの回想のなかには若き母親である房子が主役として登場するわけで、それを無視するわけにはいかない。たとえ日本人の女優がその役を引き受け、ベイルートまで来てくれたとしても、混血の少女であるメイに対応する子役を見つけ出すことはまず不可能だろう。だからいっそのこと、一九七三年と一九八二年の場面はアニメで物語るのはどうだろうか。ジョスリーンはそう考えるに到った。

僕はそれに賛成した。大きな作品の一部分をアニメにするというのは、映画史を遡るならば、内田吐夢《とむ》にもエリック・ロメールにもすでに例があり、それなりの効果を上げている。そこで神田のアニメ資料の専門店に足を運び、ごっそりとアニメのＤＶＤと関連資料を買い集めて、簡単なコメントをつけると、そのままパリに書籍小包で送った。

だがもうひとつ、ジョスリーンが書いてきたことには、どのように返事をしていいのか、わからなかった。すっかり混乱してしまったのだ。以前から気になっていたことだが、ジョスリーンはメイの父親のことを調べてほしいと依頼してきたのである。

ジョスリーンはメイに会っていて、不思議なことに気が付いたという。眼差しにときおり、美しい緑の線が走ることがある。自分が記憶するに、ガッサーン・カナファーニーが同じように、美しい緑の眼をしていた。ひょっとして彼がメイの父親であるという可能性はないだろうか。メイルにはそう書かれてあった。

先にも書いたように、ガッサーン・カナファーニーは日本でもいくつかの小説作品が翻訳されている作家である。ＰＦＬＰの機関誌の編集者を務めたこともあって、房子には頻繁に顔を合わせる機会があった。だがそのことと男女の仲とは別の話である。これぱかりは、どんなに間近にいる人間でも気が付かないことがままある。とはいえ気になったので、関連事項を紙に書き出してみた。

メイは一九七三年三月一日に生れている。日本でいう十月十日《とつきとおか》という表現をもとに計算を試みると、房子は一九七二年六月一〇日前後に受胎をしていたことになる。ベイルートに到着したのが一九七一年三月一日であったから、一年と三か月が経過した頃である。カナファーニーが暗殺されたのは一九七二年七月八日だ。弔問におとずれた房子は、彼が手塩にかけて育てた薔薇がちょうど盛りと咲いていたことに強く印象付けられ、それがやがて獄中での作歌の動機となった。爆死の数日前、難を避けてあえて果樹園で開かれたＰＦＬＰの会議が、房子がカナファーニーと会った最後になった。

時間的なことだけに着目するならば、ジョスリーンの推理は無理なわけではない。だが僕にはどうにも納得がいかなかった。そこで由井りょう子の重信房子評伝にある一連の記述を翻訳し、ジョスリーンに送った。

「あなたの父親はパレスチナの戦士である。母が娘に教えたことはそれだけだった。

だが、あの人がきっと父親なのだと確信が持てる男を、メイは知っている。彼がメイや房子たちのいるところにやってくる日は、必ずメイがその場に呼ばれる。

『メイちゃん、おいで。通訳してちょうだい』（中略）

いつごろだっただろうか。その男がやってくるのは、特別な任務を帯びているからだけではなく、『わたしに会いに来ているのだ』と思うようになったのは。彼はどこかが他のアラブ人とは違うのだ。

『わたしはお母さんに何も聞かなかったし、お母さんも何も話さなかった。でも、彼はわたしという子どもに会いに来ているのだとわかりました』」。

この一節を読んだジョスリーンは、カナファーニー父親説を取り下げたように見えた。だが今度は同じPFLPでも司令官であったアブ・アリ・ムスタファか、アブ・ハニ（ワッディ・ハッダッド医師）が父親である可能性はないかと訊ねてきた。いずれもがパレスチナ情勢の専門家ではない僕には、聞いてもわからない固有名詞だ。だがもしアブ・ハニがメイの父親であったとすれば、これまでの疑問点がスラリと氷解するのだと、彼女は書いてきた。ちなみにこの医師は一九七八年に東ベルリンで亡くなっている。何というアームチェアの名探偵ぶりだろう。

僕はすっかり当惑した。房子が娘にさえ明言していないというのだから、父親の名前が秘密であるのにはそれなりの事情があるはずだ。モサドがその人物を探し当てて暗殺することだって、充分に考えられる。現にカナファーニーばかりか、今ここに名前を出したばかりのアブ・アリ・ムスタファも、彼らの凶悪な手によって殺害されている。ラカンが好んだ警句を用いるならば、父親の名前《ノン》とは父親の拒否《ノン》なのだ。メイがこの件に関し語ることを躊躇《ちゅうちょ》しているならば、それはそれでいいではないか。ドキュメンタリストは推理小説の探偵とは違う。秘密に対してもっとも礼儀正しい振る舞い方とは、それを証立《あかし》てず、秘密として封印されたままにしておくことだと、ハイデガーだって書いていたではないか。

　しかし僕は逆のことも考えてみた。これはひょっとしてメイではなく、ジョスリーンの側の問題なのではないか。娘の自己同一性を決定するのは母親ではなく父親でなければならないという信念が、彼女の内面には頑強に横たわっている。長らく母親を遠ざけ、ただひたすらに父親をロールモデルとして自我を構築してきたジョスリーンにとっては、父親の名前が定かでないということは、その女性が何ものでもないことを意味してきた。それは理解できる。けれどもそうした父親寄りの態度に距離をおき、これまで疎んじてきた母親との和解を実現するためにこそ、そもそも彼女は今回の作品を撮ろうと志したのではなかったのか。

　もっとも僕はそこまではメイルには書かなかった。メイにとって父親が禁忌の領域であるように、ジョスリーンにとっても父親は、他人に踏み込まれたくない神聖な領域であるはずだ。パレスチナ闘争の人脈関係はよくわからないし、日本にいても調べようがないからと返事をすると、彼女はもうそれっきり何もいってこなくなった。

　こうして春から夏へと季節が過ぎて行った。僕は東京にやって来たメイと、毎日新聞社のロビーで一五年ぶりに会った。ひどく暑い日だった。彼女は僕の顔を憶えていたが、僕が送ったはずの一九七三年にインタヴューのヴィデオカセットは受け取っていないといった。おそらく支援者のグループの誰かが受け取ったものの、渡しそびれてしまったのだろう。僕たちは、ジョスリーンと三人でベイルートで落ち合えるといいねといいながら別れた。

ジョスリーンからは、メイとは少しずつ少しずつ距離を縮めている。けれどももっともデリケートな部分に差しかかると、彼女は口を閉ざすか、脇道に逸れてしまうという便りが来た。母親のことを尋ねても一般的なことしか話してくれないし、それではシナリオを組み立てようがないと、彼女は嘆いていた。

それからしばらく連絡がないと思っていると、九月に入ってようやくメイルが来た。八月はずっと入院していて、たった今、手術を終え、治療室に戻って来たと文面にはあった。どうやら横になったままスマホのキーを打って書いているらしく、いたるところでスペルに間違いがある。几帳面な彼女には、これまでありえなかったことだ。

腎臓がすっかり機能を停止してしまい、背骨が形をなさなくなったので、セメントで補強して、軀に新しく支柱を設けた。これからは週に二回、病院に足を運んで人工透析を受けなければいけない。そんなことでどんどん貴重な時間が費やされてしまうのが悔しくもあるし面倒だ。腫瘍が軀を蝕んでいるおかげでいたるところが痛いのだが、皮肉なことに苦痛だけが自分がまだ生きていることを思い出させてくれる。メイは目下パリに滞在しているから、これから簡単に会うことができるだろう。

まさに青天の霹靂《へきれき》だった。僕は企画の進行具合ばかりに気を取られていて、ジョスリーンの骨髄腫がここまで深く進行していたとは思ってもいなかった。メイルを読むかぎり、深刻な事態に陥っているらしい。輸血に輸血を重ねても追いつかず、もう何をしたいという気力も消えてしまいそうだとメイルには書かれていた。

二日後にまた別のメイルが来た。とても悲しいが、山形に行くことができなくなった。もしできることならパリに来てほしいと、そこには書かれていた。僕はただちに山形映画祭に連絡を取った。彼らはすでにジョスリーン本人からキャンセルを知らされていて、話し合った結果、『ベイルート三部作』上映後に本人がスカイプを通して観客の質問に応じるということにしたという。

やがて一〇月になり、僕は山形へ向かった。映画祭の会場では『ベイルート三部作』が一気に上映された。燃え崩れたばかり屋敷の残骸のなかで、まだ若いジョスリーンがマイクを握り、一五〇年続いたサアブ家の崩壊について話している姿が、初めて日本人観客の前に映し出された。いつもは小さなコンピュータの画面でしか観ていなかった僕にとって、巨大なスクリーンでこの作品を観ることは初めての体験だった。僕は感動した。映画の上映活動に関わった者にしかわからない歓びを感じていた。

映画上映が終わるとスクリーンはスカイプに切り替わり、僕には馴染のあるジョスリーンの作業室が現れた。部屋の照明が暗いのか、コンピュータのカメラの配置が悪いのか、画面のなかの彼女の顔はいつになく浮腫《むく》み、声が掠れているように思えた。司会者がマイクを僕に渡し、何かコメントをするように求めた。僕の後には上海国際映画祭のプログラマー、フィリップ・チアがマイクを握った。ジョスリーンは一九七〇年代から八〇年代にかけて、いかに苛酷で危険な状況のなかでこうしたフィルムが制作されたかを手短に語り、今のレバノン映画の新世代の監督には、そうした苦労はもう遠いものになってしまったはずだと語った。二〇分ほどのスカイプが無事に終わった時、僕はほっと安堵の息を漏らした。

さあ、今すぐにパリに行かなければいけない。僕は映画祭のスタッフから、ジョスリーンに渡すべき映画祭カタログやらポスターやらさまざまな資料を渡されると、東京に戻り、パリへの出発の準備をした。今回は仕事部屋でよかったら直接自分のところに泊まってほしい、またいつもの「豆腐スープ」を作ってくれればうれしいと、彼女は書いてきた。もはや時間に猶予はなかった。僕は鞄に日本のアニメ資料をいっぱいに詰め、スーパーマーケットでパック入りの豆腐を買った。預け荷物のなかに入れておけば、空港で検査されることもないだろう。書店を覗くと、塩分〇％の和食レシピといった内容のいい本があったので、これも鞄のなかに投げ込んだ。

出発の直前にメイルが入った。書き上げたばかりの、二回目のシノプシスだった。僕は慌ててプリントアウトを引っ摑み、空港行きのバスのなかで読み始めた。全部で一〇頁、それは次のように書き出されていた。

「ひとりの少女がベイルートで育つ。彼女は二七年間、何年かに一度は名前と素性を変えて生きてきた。日本語が母語であるが、家の外ではそれを語ることを禁じられてきた。自分の本当の名前がメイ・シゲノブであり、日本赤軍の最高指導者、フサコ・シゲノブの娘であるということを、親友にさえ打ち明けることができなかった。日本赤軍はしばしば武力に訴えながら、レバノンにあってパレスチナ人の大義を支持してきた。母と娘は長い間、隠れて生きてきたが、それが終わったのは、母が日本で逮捕され入獄した時だった。メイはベイルートのＴＶで母の逮捕の光景を見た。彼女は自分たちの不可思議な人生と砕け散ってしまった過去を振り返り、母との別離の苦しみを感じることになった。ひとつの問い。母の入獄によって、メイは本当の自分になるための自由を獲得したといえるのだろうか？

わたしが自分の正体を隠してきたからこそ、母の生命は安全に保たれていたのだ。メイはいつもそう認識していた。幼い少女にとって、それはあまりに大きすぎる責任だった。自分を含め大人たちの世界では、いかにして身を守るべきか、緊急時にはどう振る舞うべきかというのは、まかり間違えば生命に関わる問題である。メイは子供心に想像力を働かせ、この問題を愉しい遊戯に作り替えていった。同志たちは男女の別なくメイには家族であった。メイが女性として成長していくにつれ、人生はカメレオンのように変幻していく。ただメイとフサコの母娘の愛だけが変わらぬものだった。フサコが逮捕され、メイの正体が明るみに出された。彼女はようやく日本に向かうことになった。母があれほどに思いを込めながら、繰り返し彼女に語り聞かせた国。母と娘が織りなす個人的にして感動的な物語から浮かび上がってくるのは、アイデンティティー、現実、国際政治の問題に他ならない」。

4

一〇月が終ろうとするパリは雲が重く垂れこめ、ときおり冷たい雨が降っている。僕がいない間、七月の革命記念日にニースで無差別テロがあった。そのためだろうか、空港に降り立つとただちに警備体制が強くなっていることが感じられた。市内に車で入っていくと、以前にもまして警官の姿が目立った。夕暮れだったので街角に人影は少なく、サン＝ジェルマン大通りの建物が陰鬱な灰色の建物の連なりに見えた。

ジョスリーンのアパルトマンにはすでに先客がいた。ベイルート時代の古い友人だという。僕が作業部屋に入ろうとすると、彼女はジョスリーンと別れの抱擁を繰り返し、リュックサックと鞄をもって出て行った。そこで僕は、彼女がその日まで使っていたソファを、そのままベッドとして使わせてもらうことになった。何だか追い出したようで気が引けたが、そうではなかった。ジョスリーンはあらゆる友人に連絡を取り、自分を訪れてくれるように依頼していることが後でわかった。

病状が悪化していることは覚悟していた。再会の瞬間に自分の顔につい現れてしまう驚きを気《け》取《ど》られないように、つとめて平静を装うことにしようと、あらかじめ心に決めていた。もっとも彼女は予想に反して元気で快活そうに見えた。スカイプの時に見せた、暗く、疲れたようなところはなかった。彼女は開口一番、こないだの質疑応答の時は人工透析から戻って来たばかりで、きっとひどい顔だったのじゃないかしらといった。週に二日とは聞いていたが、今では週に三日、早朝に病院に向かい、新鮮な血液を補充してもらっているという。僕は鞄のなかから日本のアニメの資料をごっそりと出し、最後にパックに包まれた豆腐を見せた。運がいいことに、それは少しも角が崩れておらず、水漏れもしていなかった。

おお、トーフ！　憶えていてくれたのねと、ジョスリーンはいった。

豆腐だけじゃないよ。ほら、これをみてごらん。塩をまったく使わなくてもいい日本料理がいっぱいあるんだ。食べたいものをいってよ。みんな作ってあげるからさ。

僕が台所で最初にしたことは、ずらりと並べてある瓶の蓋を次々と開けてゆくことだった。紅茶の瓶。ヴィネガーの瓶。マヨネーズの瓶。ジョスリーンには買ってきたばかりの瓶を開ける力がもうなくなっていたのだ。

いったい彼女は毎日、何を食べているのだろう。僕が台所のあちこちを眺めていると、彼女は冷凍庫のなかを見せた。中国製のラヴィオリをいっぱい買ってあるから、心配いらないわ。冷凍餃子だった。上海から来ている下宿生が、いつもごっそりと買ってきてくれるのだという。

きっと話しておきたいことがいっぱいあったのだろう。僕が台所で豆腐を煮立たせている間も、ジョスリーンはずっと話し続けた。メイがなかなか心を開いてくれないこと。『デュニア』の主演女優がその後、原理主義的な団体に加盟してしまったこと。助監督だった女性がウイルスで神経を害し、絶望的な状態に陥っていること。ジョスリーンはもうメイの父親のことを話題にしなかった。その代わり、房子がなぜあの時期にパレスチナの戦士《フェダイーン》との間に子供を儲けたのか、その裏側の事情を知りたいとまでいった。

もちろん僕が答えられるわけはない。きっとリッダ事件で同志二人も含め、夥《おびただ》しい死者が出てしまったものだから、世界の重心をもう一度生の側へと引き戻すために、母親になることを決意したのではないだろうか。それ以上のことは僕には推測がつかないと、素直に答えた。少なくとも自分が死の側にではなく、生の側に携わっている人間であることを確認するためにも、房子はメイを産んだのだと思う。「命《メイ》」という名前はそういう意味ではないか。

もっともジョスリーンは、僕とはまったく別な風に、政治的なヘゲモニーの問題を考えていたのかもしれない。そういえばと、僕はジョスリーン本人のことを思い出した。彼女は何かの時に、自分が母親にとっては望まれていなかった子供だった、自分は男の子として期待されていたのに、女の子だったので、母親を失望させたのだったと話していたことがあった。しかしメイの場合はまったく違うはずだ。彼女は房子に望まれて生れてきた。僕には、死に直面しながら最後の作品のために情熱を注ぐジョスリーンを批判する気持ちはなかったが、裏側の事情を知りたいなどと、つい口にしてしまう彼女の言葉に不幸を見て取った。

翌日は人工透析の日に当たっていた。ジョスリーンが起き出し、着替えをして出ていく時の気配を、僕は作業部屋のソファで毛布に包《くる》まりながら感じ取った。目覚めた時にはアパルトマンは無人だった。台所には古びて固くなったバゲットが転がっていたのでそれを齧《かじ》り、地下鉄でトルビアック駅まで行った。そして中華ヴェトナムスーパーまで行き、ごっそりと食材を買い込んできた。帰宅するとただちに調理だ。大根を輪切りにして胡麻油で焼き、大根おろしを載せる。胡瓜をワインの瓶で叩いて、酢と胡麻油をかける。モヤシを茹でる。厚揚げ豆腐におろし生姜を載せる。日本でなら何ということはないお惣菜なのだが、すべて塩分ゼロで作ったといえば、きっと帰ってきてジョスリーンは驚いてくれるだろう。

　昼食の仕込みが終わったので本を読んでいると、正午過ぎにジョスリーンが戻って来た。新しい血液をいっぱい仕入れたのよ。元気満々よ。彼女は力瘤《こぶ》を作るふりをしてみせた。

　僕らはこうして昼食を取った後、大通りに出て、カフェで新しいシノプシスについて語り合った。

　僕は率直な感想をいった。これはすごく面白いよ。幼いメイにとって突然出現したかと思うと、またすぐに消滅してしまう母親というのは、お遊戯なんだという気がする。フロイトを援用したことで、筋道がはっきりと見えてきた。かつて身近に存在していたものが、長い間にわたり失われてしまったとしたら。主体は消失のせいで生じる悲しみにどう向かい合ったらいいのだろう。このシノプシスで大切なのは、喪失をめぐる不安と、想像のなかでの回復行為を同時に描くことだと思う。

　僕はジョスリーンに、ノスタルジアという観点をもっと強く出してみたらと提言した。メイと房子は沢山の種類のノスタルジアを心に携えているではないか。メイは幸福だった幼年時代への、いなくなってしまった母への強い憧れの気持ちをもっているではないか。房子は房子で、自分が足蹴にしていった日本という国の文化に対し、懐かしさと敬意を抱いている。なるほど彼女は日本国家を否定し、亡命者の道を歩んだ。だが故国を離れたがゆえに、逆に故国の文化の伝統に深く囚われることになった。彼女はメイに言語と文字ばかりか、伝統的な定型詩までを教え、メイを正統的な日本女性として育て上げようとした。この点がとても重要だと思う。この作品が政治イデオロギーやプロパガンダといったものを遠ざけるためには、まずこの点を強調した方が得策だと思う。

けれどもこのシノプシスを読み終わってみると、母と娘の世界にあまりに収斂《しゅうれん》しすぎているような感じがしないでもない。この二人が立っている場所が戦禍のベイルートであり、パレスチナ人の難民キャンプであるという背景が見落とされている気がする。母と娘の個人的なノスタルジアの後ろに、ナクバ以来難民と化したパレスチナ人の、故郷をめぐるノスタルジアが大きく背景として控えている。両者が不断に牽引し結合しあっているところにこそ、今度の作品の核が置かれるべきではないか。いく層にも重なり合ったノスタルジアがチーズのように融けあって、心理的な複合を遂げることになるといいと思う。

僕がここまでを一気に話した。ジョスリーンはメモを取りながらしばらく考えていたが、やがてファイルのなかから何十枚もの絵のコピーを取り出した。房子が日本で逮捕され、留置場のなかで上申書を執筆していた時、メイの幼年時代を思い出しながら、育児日誌を絵日記のスタイルで描いたものだ。一つひとつの漢字に丁寧にルビが振られているのは、母親の気遣いの表われだろう。その最後の方の一枚に、「メイのかくれんぼ」という童謡が記されていた。僕はこれは面白いのじゃないかなと、別に取り分けてみた。

ママが鬼になって十数えるから、その間にメイが隠れるという話である。けれどもメイはいっこうに姿を隠さない。彼女はただ自分で目を瞑《つむ》るだけで、自分の姿を消すことができると思い込んでいる。メイはママにむかって、自分を見つけられないでしょうと、得意げに話している。

この童謡って映画のモチーフにできるかもしれないと、僕はジョスリーンにいった。自分の眼さえ閉じてしまえば身を隠すことができると無邪気に信じている子供。子供は目を閉じることしかできない。しかしその単純な行為を通して、彼女が体験したこれまでの母の消失と不在を自分なりに理解し受け容れようとしている。そして母親はそうした子供の幼げな認識の試みを、誤りだといって矯《ただ》すのではなく、少し離れたところから愛情をもって眺めている。この童謡をひとつの核とした時、ジョスリーンの作品はそれを基軸として美しい結晶作用を成し遂げていくのではないだろうか。

パリの秋はあっという間に昏くなってしまう。まるで六月のあまりに長かった昼の復讐をするかのように、夕暮れが落ち着いて訪れる直前に周囲が暗くなり、夜になる。「あまりに短かった夏の光」とボードレールが謳った通りだ。僕たちは冷気を感じ出し、ほどほどにカフェを引き揚げた。『悪の華』に書かれているように怒りと憎悪が世界を仕切ってしまわないうちに、作品を完成させてしまわなければならない。

夜にはニコルと三人で食事をする予定があった。彼女が指定してきたのは、最初に僕をジョスリーンに紹介してくれたレストランだった。アパルトマンの前の大通りを渡り、ＩＭＡの方へ歩いてすぐのところだ。ニコルはゴダールの新作への協力が一段落したらしい。今度の作品には最後にわたしの名前も小さく出ることになったのよと少し得意げにいい、スマホで予告編を見せてくれた。もうみんな消えてしまった。クリスチャン・メッツなんて学生の頃は勉強だからというので一生懸命読まされたけど、今ではもう誰も読まない。こないだエーコが死んじゃったけど、この人だって忘れられるのは時間の問題だよね。ニコルはそういいながら、でも御大《ゴダール》は残るわ。現にもうすぐ八六歳だというのに新作を作っているのだものと付け加えた。ジョスリーンはニコルに相談ごとがあるような素振りだった。彼女は僕のついていけない速さで何かをニコルに話し、ニコルがそれにしきりと相槌を打っている。

　部屋に戻ると、ジョスリーンは疲れ切っていたのだろう、何もいわずに部屋に閉じこもってしまった。しばらくして扉の隙間から覗いてみると、電気をつけ服のまま眠っていた。深夜、ふと目が覚めると、彼女が電話をしている気配がした。翌朝になって彼女は、昨晩はベイルートのメイとずっと話していたといった。僕がシノプシスに対してつけたコメントを説明し、相談していたのだった。

　それから数日は、午後に天気がいいと外に出た。ブローニュの森にルイ・ヴィトンの博物館ができたから行こうというので同行し、ベルヴィルで食事をした。チュイルリー公園で友だちに会うからというので、これもいっしょに出かけた。三人が公園の入口で待っていた。その一人は

『デュニア』の助監督だった女性だったが、僕の目には彼女が危機的な状況にあるとはとても見えなかった。イタリアのペレーネという彫刻家の作品がいくつも展示されている。どれもが黒焦げの倒木で、展示の期間が過ぎてもそのまま雨ざらしにし、自然と朽ち果てていくのを意図しているらしい。ジョスリーンは彫刻をじっと見つめていた。そこで突然に雨が降り出したので、慌てて近くのカフェに避難しなければならなかった。カフェでは給仕たちが大急ぎで天幕を張り出した。天幕が完成した頃、雨は上がり、太陽が現れた。僕たちは三人に別れを告げ、橋を渡った。ジョスリーンは河畔に映える光を眺めていた。彼女は遠出で疲れたのだろう、タクシーに乗るとすぐに眠ってしまった。

　午前中は人工透析か新作の準備、午後は体調がよければ短い外出という日課が、こうして何となく作られていった。

　ある日ジョスリーンは、今から日本のアニメを観に行こうと提案した。『この世界の片隅に』の公開が、三館の劇場で始まったらしい。僕たちは時間を調べ、ステュディオ・デ・ズルシュリーンの前に車を走らせた。すでに長蛇の列ができていて、入場する回のチケットは売り切れだった。しかたなく次回に入ることにし、僕たちは時間つぶしに植物園に向かった。オステルリッツ駅の向かい側に拡がっている、ビュフォンゆかりの植物園である。ジョスリーンにはかねて親しい場所らしく、フランス庭園にも熱帯植物館にも目もくれず、どんどん先へ先へと歩いて行く。もうすぐ裏側の出口に出てしまうというあたりが薄暗い森のようになっていて、何十本も背の高い樹が生えている。彼女はそのなかでもとりわけ高い一本のところまで来ると、芝生に足を踏み入れ樹の幹に手をあてた。それから僕に、スマホで自分の写真を撮ってほしいといった。背骨の代わりにセメントの支柱を入れたジョスリーンは、長く静止して立っていることができない。それでも彼女はしばらく不動の姿勢をとった。樹はレバノン杉だった。

十日間ほどが経過した。作品の大筋は決まったものの、制作に着手するまでにはさまざまな問題が残っている。僕がパリにいる間に、できるだけのことは、片づけておかねばならない。ひとつはドキュメンタリーに引用する映像の版権問題だった。

ジョスリーンは『実録・連合赤軍』を見て以来、映画監督としての若松孝二の存在に深い関心を抱くようになっていた。フランス語字幕の付いた『処女ゲバゲバ』のDVDを探し出し、荒唐無稽な過激さに驚いたといった。同じ人物がベイルートの難民キャンプからジェラシ山、ゴラン高原までを踏破してドキュメンタリーを撮ったことにも、驚嘆の念を感じていた。ねえ、この人って、ひょっとして「巨匠《マエストロ》」じゃない？

僕は日本で知られている若松孝二の神話のいくつかを説明した。一七歳の時にヤクザの組に入り、監禁容疑でしばらく拘置所にいたこと。若くしてセックスコメディをベルリン国際映画祭に出品し、居並ぶ日本の役人や評論家から「国辱」と呼ばれたこと。一九七一年以降しばしばベイルートを訪れ、日本赤軍のメンバーとは親しい間柄であって、二〇〇〇年にメイに日本国籍が急遽必要となった時には、自分の養女として若松家の戸籍に入れればどうかと、思い切った提案をしたこと。

この最後の提案については、真偽のほどは定かではないが、さまざまな尾鰭《ひれ》がついていた。一説によると、若松孝二はメイがダンスが上手だと知って、妙案を思いついた。彼女をかつて自分がパレスチナの女性に産ませた子供として認知し、日本に連れて帰ってアイドル歌手としてデビューさせるという計画をもっていたという。ジョスリーンはこうした話を嬉々として聞いていた。そして若松がつい五年前、たくさんの新作の企画を抱えながら交通事故が原因で亡くなったと知り、なんと残念なことといった。

じゃあ、もうわたしの映画に巨匠が出てくれるということはありえないわけ？

死んでしまったのだから仕方がないよ。わたしは答えた。

いや、ひとつだけ方法があるわ。巨匠もアニメのなかに入れちゃうのよ。前から考えてたけど、一九七一年に彼が房子と会う場面、二〇〇〇年にメイと会う場面、どちらも実写で再現できないのだったら、アニメにしてしまう。そうよ、そんな時のためにアニメってあるのじゃない？

僕はジョスリーンの発想の突飛さに当惑したが、よく考えてみると、不在の人物をスクリーンに招喚するにあたって、アニメーションほど柔軟に対応できるジャンルはないかもしれない。実は僕は、房子とメイという母娘だけの物語では、下手をすると三益《みます》愛子の母ものメロドラマの論理に陥ってしまうのではないかと、少し危惧を感じていたのだった。女二人だけではどうしても物語が煮詰まり過ぎてしまい、過剰な深刻さが閉鎖的な印象を与えかねない。どこかで男、それも平然と道化役を買って出ることのできる、スケールの大きな人物が登場した方がいい。メイの父親について言及しないというのであれば、その代役に、若松孝二がコミック・キャラクターを演じるというのはどうだろう。さすれば作品に、思いがけない開口部が生じることだろう。

僕とジョスリーンは相談の上、若松孝二を巨漢の道化として登場させ、ドキュメンタリーに笑いの場面を設けようという結論に達した。彼女の念頭にあったのは、ポランスキーが『吸血鬼』の冒頭に置いた、吸血鬼退治のドタバタ・アニメだった。もっともそのためには若松の娘で、現在は若松プロの社長である典子の承諾が必要だった。もっともこの問題は簡単に解決した。僕が用件を告げるメイルを出すと、彼女は自分の父親がフランスでアニメになるのは愉快だと賛成してくれ、そればかりか、ジョスリーンがドキュメンタリーに父親の作品から映像を引用することにも無条件に許可をくれた。この度量の広さは父親譲りだという気がした。

　ジョスリーンはアニメという着想にすっかり夢中になってしまった。僕がコンピュータを通して若松孝二の写真映像を何十も集めて見せると、巨匠って何だか雰囲気がチャールズ・ブロンソンに似ている人ね。そんな感じでキャラを造形してみようかしらんといった。本人もブロンソンのことは意識していたみたいで、機嫌のいい時は、俺はバルザックに顔が似ているといって自慢していたよと、僕が答えた。ジョスリーンは笑った。そこで僕は憶えているかぎりで、彼の話ぶりをふざけて真似してみせた。彼女はさらに笑い、もうこれで決まりよ、わたしがフランス語で彼のスクリプトを書くから、あなたが巨匠の声の吹き替えをやるのよといった。彼女は自分の作品のなかに日本のアニメを引き入れるという考えを、我ながら名案だと考え、しかるべきアニメ会社に発注したいから、その方面のリサーチをしてほしいといった。

　とはいわれても、映画制作の体験のない自分がどの程度まで具体的な制作に関わることができるのか、僕には皆目自信がない。企画段階での助言はいくらでもできるけれど、制作に関してはやはりプロの制作者を立てるべきだよ。もちろん日本側の制作者を探すことには協力を惜しまないけどと、僕はジョスリーンにはっきりといった。彼女はそれを了解してくれた。この時僕が心づもりをしていたのは、元シネカノンの李鳳宇《リ・ボンウ》だった。東京の朝鮮大学校でフランツ・ファノンをテーマに論文を書き、パリに留学してシネマテックに日参した彼ならば、今回の作品の制作者として適役だろう。だがもし作品が中途で不可能となったら？　その時には、彼に迷惑をかけることになる。僕は当惑した。

　いよいよ帰国の日が間近となった。ジョスリーンは突然、明日、たくさん人を呼んで大パーティを開くから、今から買い出しに出ようと提案した。僕は驚いて反対した。そんなこと、できっこない。大丈夫、絶対できるからと彼女はいい、さっそく大テーブルに一二人分の椅子とマットを並べ始めた。

　僕はこれまでにも、彼女が十何人もの友人を招き夕食を振る舞うという場に、何回か居合わせたことはある。けれどもそれはまだ彼女が元気だった頃のことだ。週に三回も人工透析に通い、塩も砂糖も医師から厳禁されている女性が、女主人として饗宴を開くというのは、いくら何でも暴挙すぎる。けれどもジョスリーンはいいだしたら聞かなかった。息子の嫁のルイーズが今パリに来ていて、あれはプロの料理人だから何でもやってくれるという。現に彼女はすでにそのルイーズに電話をし、協力を取り付けたばかりだった。

　翌日には本当に大パーティが実現した。ルイーズはジョスリーンの指揮に忠実に従い、オーヴンでペルシャ風羊料理を焼き、レバノンの野菜料理をいくつか調理した。僕はダゲレオ街の魚屋まで行って生魚を買い揃え、せっせと手巻き寿司の準備をした。といってもジョスリーンには醤油は使えない。生姜を擂り下ろし、米酢できつく〆《しめ》ておくという、以前に馴染の寿司屋で教えてもらった奥の手を使うのだ。パーティにはいつもの常連が顔を連ねた。大方はすでに僕の見知っている人たちだ。誰もがジョスリーンの健康を祝福し、花束を渡したり、手作りのサラダを皿に盛ったりした。パーティはいつものように盛り上がり、ジョスリーンは途中からソファに横たわって、食卓の人々が興じているさまを眺めていた。彼女は疲れていたが幸福そうだった。僕はふと思いあたった。彼女は今のうちにみんなに会っておきたいのだ。

　帰国の日の朝、僕はふと思い立って、ジョスリーンに頼み、食堂にあるパピルスを少し分けてもらった。彼女は何本かの枝を鋏《はさみ》で事もなげに切ると、紙に包んで僕に渡した。しばらく水に漬けておくと、やがて細く白い芽が上の方に生えてくる。そうしたらひっくり返して地植えにし、しばらく水を絶やさなければいい。パピルスはいくらでも大きくなるはずよと、彼女はいった。今度はいつ、パリに来る？　来年は何月になる？　パピルスは彼女のエジプト時代の思い出だった。僕は携帯可能な思い出を分有したのだ。紙包を鞄の奥に仕舞い込むと、何だか彼女の分霊を日本に持ち帰るような気がした。

　パピルスは東京で無事に白い根を出した。僕はしばらく水栽培をした後、それを鉢に植え直した。何本かは枯れてしまったが、たぶん水やりの効果があったのだろう、何本かは根付くのに成功した。

ジョスリーンからは制作費助成のためあるグラントに応募したが、外れてしまったという報告が来た。もっとも四〇本もドキュメンタリーを監督してきたヴェテランである。こんなのは最初のゲームのうちよといって、さらにいくつものグラントに応募するつもりらしい。そのたびに微妙に改訂を施したシノプシスが僕のもとに送られてきた。彼女は僕の感想を自分なりに考えてくれたようで、母娘の問題に収斂するあまりに、一九七〇年代から八〇年代にかけての状況の推移を取り込むことを忘れていたと思いあたった。新しいシノプシスにはパレスチナ難民と房子とが、ともに喪失した故国に強いノスタルジアを抱いていることが強調されていた。

ジョスリーンは冬の到来をひどく怖れていた。メイルには、制作状況の報告とは別に、病状の進行と治療の変更とが細かく記されるようになった。より強い抗癌剤をしばらく試みてみたが、効果が現れてくるのがあまりに遅いので、もうやめようかとも思う。けれども完全に投薬を止めてしまうと強烈な不安に襲われるに決まっている。医師はもうすぐ新しい薬ができるからそれまで待つようにというのだが、そんな表現がペテンだということはわかっている。医者というのは責任を取りたくないために、いつだって「様子を見ましょう」か「新しい薬」としかいわないものなのだ。だから自分は思い切って、だいぶ値が張るけれども、アメリカから別の薬を購入するつもりだ。フランス国内では禁止されている薬だけれど、そんなことを気にしていられない。とにかくこの長い冬を身を屈めて生き延びれば、四月にはカリブ海に行くことを考えている。五月の初めにパリに戻ってくるから、またそこで会えるとうれしいのだが……。

僕の方はといえば、イスタンブールのポガジチ大学から半年ほど日本文化について講義に来ないかという話が来ていた。二〇一八年は明治維新一五〇年にあたり、トルコ中の日本研究家が一堂に会して日本の学者を迎え、日本とトルコの近代化について三日にわたり討議しあうという。イスタンブールがもし気に入ったのなら、その後も留まって、講義と学生の論文指導を担当してもらえるとありがたいという申し出である。僕はただちにこの申し出を受け入れた。以前にセルビア、コソヴォとパレスチナに滞在したことが契機となって、僕はそれらの地を同時に統治していたオットマン帝国のあり方に、少しずつ興味を感じるようになったからだ。やはりかつての帝都に身を置いてみなければ見えてこないものがあるはずだ。加えてポガジチ大学とは、ジョスリーンが短編映画を制作し、インスタレーションの展示会を行なったところである。もしイスタンブールに長逗留できたなら、パリは目の鼻の先だし、思い立ったら飛行機ですぐに行くことができるだろう。

　ジョスリーンに連絡すると、彼女はひどく喜んだ。現在のトルコの政治は原理主義へ大きく傾いていて、危険きわまりないが、イスタンブールのアルメニア人協会には親友がいるからぜひ会ってほしい。自分はベイルートのアパルトマンを引き払って、身辺を整理しておきたいのだが、そのためには現地に赴かなければならず、今の病状ではそれがどうもできそうにない。もしできるならばイスタンブールからベイルートへ飛んで、若干の雑事を片付けてもらえないだろうか。彼女はそう書いてきた。ブリス通りのフッサーミ博士のビルといえば、場所はすぐにわかるはずよ。きっと誰かが親切に教えてくれる。第二次世界大戦の前に建てられた、古ぼけたビルの四階よ。

とはいえベイルート行きは、僕には荷の重すぎることだった。アラビア語が皆目読めない日本人が不動産の登記書類を前に、いったい何ができるというのだろう。僕にはジョスリーンの苦境は痛いほどに理解できたが、こればかりは引き受けることができなかった。

そのうちイスタンブールの方でも事情が変わり、僕を客員教授に任命するだけの予算が取れなくなったといってきた。僕は計画を変更し、五月にパリを訪れ、その足でイスタンブールに向かうが、三日間の学会が終わると東京に引き揚げるという計画を立てた。

僕はいつまでも太陽が沈もうとしないパリの五月に戻って来たのだ。

ジョスリーンは死に瀕していた。

二日に一度、朝七時になると車がアパルトマンの下に音もなく停まり、彼女を音もなく病院へ連れ去っていった。いつも判で押したように同じ時刻だった。隣室で眠っている僕は、そのたびに微かな気配を感じた。誰かがやって来て、ものいわず控えの間で待っている。彼女がいくつもの鍵を弄《いじ》る音だけがしばらく聴こえてくる。それから彼女は物音を立てず、幽霊であるかのようにそっとアパルトマンを出ていく。

車は人気のないサン＝ジェルマン大通りを抜け、古い城門と森を潜り、アメリカンスタイルの病院の前に来て停まる。研究室のわきの広々とした空間には、若い医師見習いが何人も立っている。看護師がジョスリーンをまるで中国の骨董の壺であるかのように、恭しく運ぶ。寝台に横にさせられると、三人の黒人女性が彼女の上に屈みこみ、胸骨の間に針を差し込む。まるで祖先の厳粛な儀礼に立ち会っているかのようだ。彼女の干上がった湖。枯木のように生気を失い、肉の重みに耐えかねて歪み、罅割れようとしている脊髄。肋骨と骨髄の間の、ほんのわずかの隙間に落とされた針が、わずかな骨髄の一片を標本として採集する。それは金塊護送車が金塊を運ぶかのように、後生大事に大病院へと運ばれ、彼女にはわからない最新医学の症候例として保存されることになるだろう。その代わりに彼女には見知らぬ血液が流し込まれる。知らない場所での、知らない人による大量の血液。

　五月のパリは文字通り生気に満ちている。

　薄目を開けてみると、カーテンの向こうに燦々《さんさん》とした陽光が躍っているのが感じられる。光は日々に強さを増してくる。中庭の樹々の繁みの影が映っている。アパルトマンから目と鼻の先にあるカルチェ・ラタンでは、書店のショウウィンドウに半世紀前の〈五月〉にちなんだ書物やポスターが、ところ狭しと並べられていた。誰もが生気に満ちて街角を歩いている。サン＝ジェルマン大通りから地下鉄駅に降りると、通路の壁という壁は公開直前の芝居や映画、展覧会のポスターで満ちている。

　五時間に及ぶ人工透析。医師との意見の食い違い。新しい血液を軀に注ぎ込まれていることの安堵感。病院の入口でジョスリーンはふたたび車に乗せられる。車窓から見えるセーヌ河。河縁の光の輝き。帰宅すると、もうそれだけですっかり疲労困憊してしまう。一日が終わったみたいだ。食卓のうえにあらかじめ置いておいた古パンと干からびたチーズの簡単な昼食。冷えた米にレモンの皮を細切れにしてかけるだけでもいい。それからぐったりとして、服も靴も脱がないで眠ってしまうことだって。毛布に軀を包みながら、弱々しい声で誰かと長電話していることもある。もう昼だ。僕が紅茶をもっていくと、彼女は掠れた声で「メルシ」といい、カップをゆっくりと口元へと運ぶ。新しい血がたくさん手に入ったのだから、これからは頑張って仕事を進めなくちゃ。だがそういった直後、彼女はまたしても寝台のなかに潜り込んでしまう。

ジョスリーンは死に瀕していた。

世界がこんなに明るく、生気に満ちているというのに、わたしだけが昏く、果てのない衰亡の道を歩んでいる。わたしを傷つけた人たち、わたしを追放して世界の片隅へと追いやってきた人たちと同じように、同じような道を歩んでいく。わたしにはもう自分の運命がはっきりと輪郭をもって、目の前に現れてきた。無駄なことはしていられない。けれどもその運命をまっとうするだけの時間はもはや残されていないのだ。

人工透析だなんて、いつまでこんなことが続くのだろう。毎日毎日、いくら補給しても間に合わない。わたしの本来の血はいったいどこへ消えて行ってしまうのか。軀のどこかにわたしを支えてきた底というものがあったはずなのに、いつの間にかその底が抜けてしまった……。

けれども、とジョスリーンは考える。わたしは世界中を移動して生きていかなければならないのだ。もう帰るべき故郷もなければ、訊ねて行って祈るべき巡礼の地もない。カーボベルデ。マルチニック。パレルモ。イスタンブール。わたしはどうして場所から場所へと、取り憑かれたように移動に身を委ねてきたのだろうか。病院の医師たちには理解できない。彼らはわたしがなぜ移動するのかがわからない。けれどもわたしとはつねに移動していく生なのだ。エナメルの剝げた窓際に置かれ、水も与えられないままに朽ちてゆく観葉植物のように生きていくわけにはいかないのだ。わたしの母は一度として苦しいと訴えたことがなかった。なのにどうしたことだろう、わたしはいつも苦しみを訴えてばかりなのだ。

企画は行き詰まっていた。この半年の間、ジョスリーンはいくつかのグラントに申請を出したのだが、いずれもが好ましい結果を得られなかった。加えてメイとの連絡は途切れがちとなっていた。ジョスリーンはもはや僕に、日本語の資料の翻訳と説明を求めなくなり、ただ作業部屋でコンピュータを操作し、さまざまな映像を取り出しては確認し、ときおり電話をかけたりしていた。僕は自分の方から企画について切り出すことを控えた。もし事態が進展して、僕が必要になった時には、ジョスリーンの方から口火を切るはずだ。

ある朝、僕はモベール広場の朝市に白いアスパラガスが山ほど積み上げられているのを発見した。さっそく新聞紙でひと包みほどを求め、アパルトマンに持ち帰った。

ジョスリーンは上機嫌だった。あのね、アスパラガスって、どうやって食べるか知ってる? 茹でたばかりで、皿の上で湯気を立てている野菜の前で、彼女は話を始めた。

パリのＴＶ局に勤めだしたばかりで、このアパルトマンに一応落ち着いたものの、まだ右も左もわからなかった頃のことだった。何かの偶然でミッテランの奥さんと知り合いになったのよ。この近くに住んでいるから、一度遊びにいらっしゃいっていわれちゃって。もちろん彼が大統領になる、ずっとずっと前のことね。それでちょっと決めた恰好をして、といったってこちらはパリのことなんか何も知らない小娘だったし、年配の政治家の家にご招待って、やっぱり緊張するじゃない。

ミッテランのアパルトマンはこの大通りからセーヌ河の方に向かう路地の、歩いてすぐのところだったわ。別に豪奢を極めたという感じはどこにもない、普通のアパルトマン。それで中に通されて、まず食前酒が出て、それからテーブルに着いたとたんにびっくりしちゃったのよ。何とわたしの真向かいにミシェル・ピコリが座っている。ピコリよ。そのピコリがわたしにむかって、マドモワゼ〜ルなんて挨拶するものだから、もうどうして挨拶を返そうかって。ところがそのピコリの様子が変なのよ。せっかく客として招待されたというのに落ち着きがなく、ソワソワしている。実は後でマダム・ミッテランからこっそり教えてもらったのだけど、そこには偶然、ピコリの昔の彼女がいたのよ。まったく偶然に、すました顔をして。でもピコリは、きっとこれは何かの罠なんじゃないかと思い始め、悩みだしたのね。

ねえ、ジョスリーン。アスパラガスが冷めちゃうよ。僕がいった。

そうそう、アスパラガスのことだったわ。大テーブルには、大皿に載って茹でたアスパラガスが運ばれてきた。さあどうぞ、マドモワゼルと、ミッテランがわたしに声をかける。でもわたしはすっかり臆しちゃって、どうしようかと迷っていた。するとミッテランがスッと手を伸ばし、アスパラガスを一本手にとって、まるでペンをインクに漬けるみたいにマヨネーズの皿に浸し、そのままペロッと食べてしまった。きっと緊張しているわたしのために、わざとお行儀悪く振舞ったのね。わたしが真似をしてみせると彼はにこりとした。それからみんながアスパラガスを手で摘んで食べだした。でもピコリだけはいつまでも居心地悪そうにして、なかなか手を付けようとしなかったわ。

僕は思い出す。この時の滞在で印象に残る会話といえば、このアスパラガスの話だけだったような気がしている。ジョスリーンは動きが鈍くなり、同じことをいくたびも尋ねるようになっていた。明るい陽光とは裏腹に不活性が支配するアパルトマンのなかで、ジョスリーンはなんとか自分の情熱を保ち続けようと努めていた。シノプシスがひとたび固まってしまうと、もはや僕が助言できる次元での作業はほとんど終わっていた。ジョスリーンはグラントの申請書類の作成に取り掛かっており、僕は必要に応じて日本へのメイルを書いて送ることぐらいしか用事がなくなった。僕はＰＡＮＴＡのＣＤの歌詞を翻訳し、ジョスリーンが若松プロと重信房子に宛てて書いた手紙を代筆した。

けれどもいったいこうした努力はいつ報いられることになるのだろうか。いつ結実することになるのだろうか。申請するたびに却下されているグラントをいずれ獲得できたとしても、ジョスリーンの体力はその時まで持続することができないだろう。僕の心のなかには少しずつ懐疑の気持ちが目覚めてきた。もちろんそれを訊ねることは憚《はばか》られた。彼女の生に対する強烈な信頼を眺めていると、僕には一瞬でも疑いを抱いた自分が恥ずかしく思えてくるのだった。だけども本当のところはどうだったのだろう。ジョスリーンはドキュメンタリーの完成を信じていたのだろうか。いや、それを口にしたとたんに、すべては瓦解してしまうことになるだろう。懐疑などけして抱いてはならないのだ。僕はジョスリーンに、これからイスタンブールの学会に行かなければいけないと告げた。彼女は僕にむかって、もう時間が砂粒のように自分の掌から零れ落ちていくようだといった。今度はいつパリに来るのか。自分にはもう何も必要がない。怖いものもない。ただ時間だけをもう少し与えてほしいのだと、いくたびも繰り返した。

帰国した僕はしばらくして驚くべき報せを受け取った。ジョスリーンは何と七月にベイルートを訪れ、自分のアパルトマンの後片付けをやり遂げたばかりか、旧友たちと再会し、大歓迎を受けたというのだ。フェイスブックを見ると、彼女が何かのオープニングパーティの席でマイクを握り、堂々と演説をしている姿が動画で掲載されていた。それだけではなかった。彼女はその後、息子に会いにマルチニックまで足を延ばしていたのだ。

これはいったいどういうことだろう。彼女は回復したのだろうか。昨年の秋には山形への渡行を泣く泣く諦めたというのに、奇蹟でも生じたのだろうか。

僕は一一月に再度パリを訪れた。ジョスリーンの体調を考えると、以前のように彼女のもとに滞在することが負担になるのではないかという気持ちがないわけではなかったが、僕の滞在を彼女は強く主張した。

以前にもまして、少なからぬ人がアパルトマンを訪れるようになっていた。ニコルのゼミの学生で、ヂガ・ヴェルトフ時代のゴダールについて五〇〇頁にも及ぶ研究書を出したばかりの青年。二〇年以上にわたってパリに滞在し、映画の編集作業に携わってきた日本人女性。長らくベイルートに滞在した体験を持つ、アメリカの老ジャーナリスト。とりわけ僕に強烈な印象を与えたのはマチルドだった。

　マチルドが二五歳にして刊行したジョスリーン・サアブ論は、知り合ってしばらくした頃、ジョスリーン本人から渡されていたので、すでにあらかた読んでいた。アテネの上映会や山形の映画祭のためにジョスリーン紹介の文章を書かなければならない時、そこに掲載されている豊富な情報は大いに僕を助けてくれた。そのマチルドがマルセイユからパリに出てきて、今はジョスリーンの助手として、しばらくアパルトマンに寝起きしているのだという。

　マチルドは男の子のように髪を短くし、明朗活発で、その一挙一動からも、心の底からジョスリーンを慕っていることが感じられた。僕が到着した時、彼女は食堂のソファで寝起きしながら、ジョスリーンの仕事を手伝っていた。彼女が五時間にわたる人工透析に出かけている間、僕とマチルドは食堂でお喋りに耽ることになった。ロレーヌのナンシー生まれで今はマルセイユにいるという。フランスの大学制度は好きになれないから、博士論文を書き終えたら、カイロかどこか、アラブの大きな都市の大学で教職に就きたいと考えているようだった。僕はこんな逞《たくま》しい親衛隊がジョスリーンを守護していることに安堵した。

　ジョスリーンとマチルドは制作費の捻出のため、緊急の打ち合わせをしている最中だった。僕が到着して荷物を下ろすと、ジョスリーンは茹でた冷凍餃子を前に、この半年の進展を僕に話した。彼女は病気に対し積極的に応戦に出たのだ。ベイルートやマルチニックに旅行するに際しては、あらかじめ現地の病院に連絡を取り、自分の病歴の情報をすべて送った。そして人工透析を規則正しく受けられることを確認すると、空港に向かったのだ。

僕を驚かせたのはそればかりではなかった。七月と一〇月にはベイルートでメイを撮影することに成功していた。メイに勧められて、国際的に著名な映画キュレイターであるラシャ・サルティと話し、彼女から助言を受けていた。グラントを獲得するためには、たとえいかなる犠牲を払ってでも、テスト・パイロット版の短編だけは制作しておかねばならない。彼女の強靭な意志が困難とも見えた撮影を可能にした。僕はマチルドとともに、作業机に置かれたコンピュータの画面でそれを観た。ポストプロダクションの途上なので、まだ音声には欠落部分があった。

『わたしの名前はメイ・シゲノブ』は静謐《せいひつ》な雰囲気を持った、七分あまりの短編である。最初に黒画面に字幕で主題が提示される。「すべてのものが揃っていた日というものがあった。それからしばらくして、すべてが喪われた。すべては主体の前から消え去った。悲しみの対象に向かい合うには、どうすればよいのか。それがノスタルジアだ」。

陽光さざめくベイルートのマナラの海を、メイが眺めている。突然ショットが切り替わり、若き日の房子が崖の上に立ち、若松孝二率いる撮影隊とともに映画撮影をしている光景となる。マナラの海岸に戻ると天気は一変していて、雨が静かに降っている。荒れた波の騒ぐ海。夏場には賑わったレストランはいまは卓を畳み、がらんとした空間には誰もいない。降りしきる雨のなか、ジョスリーンとメイが無人のレストランの階段を上る。メイは愛《いと》おしむようにジョスリーンの髪に手をやり、親密な対話を続ける。在りし日の房子の長髪とメイの長髪とが、ショットで繋げられる。大阪で逮捕され、連行されていく房子の映像が挿入される。彼女はカール・ドライヤーの描くジャンヌ・ダルクのように短髪だ。そこに若き日の房子の長髪のクロースアップ。

予定ではこのあたりで、「メイのかくれんぼ」という房子の詩の朗読が流れる予定だという。幼いメイは自分が眼を瞑れば、姿を隠すことができると信じていたという内容だ。もっとも僕が見た段階では、そうした後処理はまだなされていなかった。周囲に簡単に朗読を依頼することのできる、日本語のネイティヴスピーカーの女性を見つけることができないのだろう。

最後に字幕が入る。「ノスタルジアがアイロニカルな矛盾を証立てる。それは母と娘を向き合わせることになる。二人はかくも異なっているが、とても近く親しい」。

撮影場所となったラウダというカフェが、ジョスリーンにとってお気に入りの場所であることは、すぐにわかった。ちょうど四〇年前、『ベイルートからの手紙』を撮るにあたって、彼女はまず自分がこのレストランの、海に向かって開け放たれたテーブルに座り、パリの友人に宛てて手紙を書くという場面から始めた。強い風が額に吹きつけている。だが彼女はそれに抗い、便箋を手で押さえながら、無理をしてでも手紙を書こうとしている。アラビア語で困難を意味する「サアブ」という姓にふさわしい仕種だ。

彼女は書く。わたしはたった今、故郷のベイルートに戻って来たばかりで、まるで自分を旅行者のように感じています。三年前に起きたあの内戦のことを、誰も口にしようとはしません。「あの出来ごと」と、曖昧ないい方をするばかりです。人々は何ごともなかったかのように、普通に毎日を暮らしています。けれども誰もが苦しみのさなかにあるのです。突然に電話がかかってきただけで、暴力の記憶に囚われてしまうのですから……。

ラウダとはアラビア語で海の花嫁という意味だ。このカフェはジョスリーンが最初に撮影して五年後の一九八二年、イスラエル軍の侵攻によって跡形もなく破壊された。だがベイルート人はそれを復元した。建物は元通りとなったが、カフェにいつもいて客たちの相談を受けていた占い師《ヒターナ》はもう戻ってはこなかった。動乱の最中、人々は争ってまで彼女の言葉を聞こうとしていたというのに。

実はもうひとつ、いい知らせがあるのよと、ジョスリーンがいった。ジャン＝リュックが尽力してくれて、わたしの写真集が出ることになったのよ。

すごい！　僕は思わず叫んだ。

ジョスリーンは一九七五年に長編『苦しみのレバノン』を監督して以来、動画と並行して、数多くのスチール写真を撮影していた。破壊されたベイルートの市街を、西サハラの解放戦線のキャンプを、ホメイニ革命に高揚するテヘランの街角を、証言者としてカメラに収めてきた。それを何とか写真集として纏めておきたいというのが彼女の願いだったが、制作費を捻出することができず、企画は長い間放置されたままになっていた。映像はやがて散逸し、撮影時の文脈が不明瞭となろうとしていた。それをマチルドが編集し直し、欠落したものは動画から起こして補塡し、何とか写真集の体裁を整えた。その時スイスに住むゴダールがニコルを介して話を聞きつけ、制作費の三分の一を自分が負担するから刊行してほしいと提案してきたのだった。ちなみに彼は新作『イメージの本』で、ほんの数秒ではあるが、ジョスリーンが戦禍に喘ぐベイルートの街角を撮影した映像を引用していた。

もうあとひと月くらいで完成するのよ。ジョスリーンはいった。嬉しそうだった。

本が出たらよそ行きの恰好をして講演をし、サイン会だってしなくちゃいけない。大変よ。ジョスリーン、頑張らなくっちゃ。マチルドがいった。

まずサイン入りの本を一冊、スイスのジャン＝リュックに届けなくちゃね。

僕とマチルドはジョスリーンを車に乗せ、マイヨール美術館へ向かった。おりしもジャコメッティの回顧展で美術館はひどく混雑していたが、入口でスタッフが車椅子を準備してくれていたおかげで、会場には円滑に入ることができた。

奇蹟というものは起きるものなのだ。僕は感動していた。四〇年間撮りためた写真がようやく日の目を見ることになる。これだったらひょっとして、ドキュメンタリーも完成に漕ぎつけることができるかもしれない。ジョスリーンの身の上に奇蹟が起きなかったとしたら、いったい奇蹟は誰のために起きるというのか。

帰りのタクシーのなかで、ジョスリーンは寝息を立てて眠っていた。


わたしが最初に憶えた匂いは、スミイカの匂い。それからオレンジ。お祖母ちゃんが皮を剝いてくれるのだけど、オレンジはとても苦かった。それからパパがくれたコルクの匂い。

夏になると一家で山の方へ行くのだけれど、出発の日が近づくと何人もの男衆《おとこし》がやって来た。絨毯を叩き、薬草の根の煎じ汁に漬けた布巾で汚れを拭い取っていくのだった。この大仕事が終わると露台《バルコン》に運んでいって乾かすのだけど、強烈な陽射しの下でたくさんの絨毯を一度に干すのは壮観な眺めだった。男衆は足が黒く、石油の匂いがした。

懐沙

水を渡った魂はいつ戻ってくるのか。
水の向こうにきみがいると教えられ
わたしは指のルビーを外し

帽子のサファイアを水に損《す》てた。
江の安らかなるを願い　水面を眺めた。
投げ捨てた朱と碧を見ることはもうあるまい。

水を渡った魂はいつ戻ってくるのか。
優しげな眼差しと形のよい唇は
いつわたしの前に現れるのか。

きみが葦の繁みを掻き分け
水音を立て　カワセミを驚かせ
歓びをもう一度携えてくることはあるのか。

陰鬱な雲の下　波風がうるさい。
わたしが水を渡らないのは　わたしの宿命だ。
枯草を焼くあの火は浄火なのか。

最後に遊びに行ったとき
きみが食堂で切ってくれたパピルスの茎。
底なしのナイルの泥　静寂《しじま》なる

冥府から這い出た花車《きやしや》な茎。
美しい顔は存在する。
逆さに水に漬け　根が出たら土に戻すのだ。

魂はもう戻らない。

魂が戻ってくるのは　言葉のなかにだけ。
パピルスは緑の火となりて　風に揺れる。

風の起源を見据えたとして
蔓草と泥の来歴を知って　何になろう。
わたしは屈みこみ　砂粒を懐かしむ。

砂粒は永遠の数ほどに展《ひろ》がり
美しい顔は存在する。
重ねて傷む心を抱えながら。

ベイルート

1

四方田さん、みんなで海水浴に行くのだけど、いっしょに来る？

ラフィク・ハリリ空港から市内へ車で向かう途中で、重信メイが突然いった。

まさかあ、わたしは答えた。知らなかった。ベイルートってまだこんなに暑いんだ。もう九月も終わりなのに。

暑さはもう終わり。だから最後の海をエンジョイしようってわけ。ビブロスって、わかります？　あの町のもっと先にとってもキレイなビーチがあるから、そこで今年最後の夏を愉しもうと思っているのよ。

みんなって？

グレッグといって、アメリカン大学ベイルート校（ＡＵＢ）で先生してるアメリカ人。奥さんがパレスチナ人で、ついこないだ『パレスチナという観念』という本を出した。メディアとか映画が専門だから、きっと四方田さんと話が合う。

困ったなあ。どうしよう。これから時差が出て来るだろうし、しなくちゃいけないことがあって。

メイはいつも快活だ。額に太陽が当たっている感じがする。彼女は強靭にしてしなやか。行動力があり、しかも聡明だ。

今回は何をしにベイルートに来たわけ？

ジョスリーンのことだよ。彼女が子供時代に住んでいた場所とか、お墓とか、いろいろなところに行って。ねえ、マル・ミカエル教会って、どんなところ？

マル・ミカエルは市の東の方よ。あそこには教会はたくさんあるから、どの教会のこと？

わからない。マチルドからそう教えてもらっただけなんだ。

重信メイはただちに携帯電話を取り出すと、パリのマチルドにヴォイスで問い合わせた。車は市内に入り、道路は少しずつ渋滞の気配を見せ出している。やがてマチルドからメイルで返事が来た。

マチルドが、お墓なんてないって。遺言でジョスリーンの灰は海に撒いちゃったんだって。

じゃあ、お墓参りなんてできないわけだ。でもジョスリーンのことは、メイさんからキチンと聞いておきたいんだ。

だったら明日か、明後日か、ハムラのカフェで話すのでいい？　わたし、それより四方田さんに携帯の使い方をちゃんと習ってほしいと思ってるのよ。前に東京で会った時はガラケーで、スマホすら持っていなかったじゃない？　明後日は携帯を見せてくれたら、アプリとかいろいろ操作の仕方を教えてあげる。ホワッツアプとか、ベイルートにいる間に徹底的に特訓しなきゃって思ってる。

車は下町ハムラの大通りから狭い路地に入り、わたしのホテルの前で停まった。

ここの通りをもう少し行ったら、ＡＵＢがやってる画廊があるから、見てったら？　今はあっちゃんの展覧会をやってる。学生時代に撮った実験映画から、ベイルートの獄中で描いた絵画まで。

あっちゃんって、足立正生のこと？

そうそう、あっちゃんは日本国内から外へ出られないから、オープニングの日にはスカイプでみんなと対話してた。それじゃあね。

ベイルートを訪れるのは一三年ぶりである。前回、二〇〇六年の時には二つの目的があった。セント・ジョゼフ大学で日本映画とグルメについて講演することが一つ。もう一つは、ベイルート南端、オデストネ・ド・アヴィヤット地区に住む岡本公三を訪問することだった。わたしがベイルートに行くというので、男性月刊誌の編集者が探訪記事を依頼したのである。その二年前、わたしはテルアヴィヴ大学で半年、教鞭を執っている。そこで慌ててイスラエルの入国印のあるパスポートを、新しいものに切り替えた。

講演は伊丹十三の『タンポポ』を上映し解説するという形で、好評のうちに終わった。わたしは侯孝賢《ホウ・シャオシェン》のフィルムについて論文を書きたいという学生の相談に乗り、ハディ・ザカック監督と何時間も話し込んだ。彼はパレスチナ難民の撮影を終えて、ベルリンから戻ってきた直後だった。岡本公三はPFLPに庇護されている身で、立派なアパルトマンに住んでいた。彼はわたしが新大久保から運んできたキムチをバリバリと悦んで食べ、吉永小百合のCDボックスが出てるはずだから、送ってほしいといった。居間ではNHKの衛星放送が流しっ放しになっていた。彼はわたしよりもはるかに日本のニュースに通じていた。

　だが今回の滞在は違う。わたしの目的は大学で講義することでもなければ、ジャーナリズムに要請されて、亡命中の元日本赤軍兵士に会うことでもない。わたしはこの都市におけるジョスリーン・サアブの足跡を辿るために、東京からドーハ経由で、丸一日をかけてやって来た。彼女が生まれ育った家。少女時代を過ごした邸宅。政治と芸術のラディカリズムに接して、視野を大きく拡げた大学。足しげく通ったカフェと映画館。そしてパリに出奔後もときおり戻って来たアパルトマン。すでに彼女は存在していない。だが彼女が存在していた場所は、たとえいかに朽ち果てていようとも確実に残っている。ジョスリーンに会えるわけはないが、一つひとつの場所を訪れ、数十年前にそこに立っていたジョスリーンを心に描くことは可能だろう。大気の粒子の一粒でいいから、彼女の吐息の痕跡を窺い知ることができたとしたら、見上げた空の上に、わたしを見下《みお》ろしているその大きな幻を認めることができたとしたら……。わたしは彼女の死を突然に知らされた夜の衝撃をいくぶん緩和し、少しずつではあるが、心の落ち着きに向かって歩き出すことができるだろう。

わたしは重信メイと別れ、ホテルのチェックインを終えた。荷物を置くとそのままハムラの喧騒を抜け、海の方へ向かって歩いて行った。灯台を横切り、緩やかな坂を下っていくと、もうそこは海岸通りだ。磯辺では男たちが裸になり、泳いだり、甲羅干しをしたりしている。カフェ・ラウダの門を潜り、繁茂する植物のアーチを奥へ進む。かたわらに水煙草の器具が並んでいる。人々は一階のカフェではお喋りに興じているが、吹き曝しの二階にはまだ誰もいない。日没にはまだ間があり、陽射しが強いというので、階段には柵が設けられ、上に上がれないようになっている。いいじゃないか。ギャルソンを制してわたしは柵を乗り越え、熱気の籠っている二階に上がる。

ここはジョスリーンのお気に入りの場所だった。海からの風が吹き荒れるなか、彼女はこの二階のテーブルに腰掛け、捲《めく》れ上がる便箋をものともせず、パリの友人に向かって懸命に手紙を書いた。『ベイルートからの手紙』（一九七八）にはそれが描かれている。内戦が開始されてしばらく後、パリに居を移した彼女が、二年ぶりに帰郷し、自分が故郷ベイルートをまるで異国のように感じるという場面だ。わたしは今、ジョスリーンがこのフィルムを撮影した四一年後に、同じカフェの二階の、同じテーブルに座って、沈みゆく夕陽を眺めている。さあ、ここまで来てしまったんだ。まず一休みすることにしよう。わたしはミントティーを注文した。

カフェ・ラウダはイスラエル軍の侵攻によって跡形も残さないまでに破壊されたが、その後、寸分違わず復元された。

夕陽が沈もうとしている。海の向こう側はひどく静かだ。

2

ジョスリーン・サアブは二〇一九年一月七日、パリの病院で逝去した。かたわらには息子のネシムだけが付き添っていた。

わたしが死の一報を受けたのは翌日である。リヨンに住む若いパフォーマーの友人、東陽子がメイルをくれ、あなたが時々話していたジョスリーンというのはこの人のことかと訊ねてきた。レバノンのドキュメンタリー監督。享年七〇。添付されていたニュースから、それが彼女のことだとわかった。慌ててニコルのフェイスブックを開いてみると、そこにはすでに死を悼むメッセージが記されていた。

ついに来てしまったのだ。わたしは思った。もう何年もの間、いつかは到来するだろうと心の底では怖れながらも、それを口にするなら事態の到来を速めてしまうのではないか。そうした懸念から誰もが口を噤《つぐ》んでいた日が、やはり非情な形で現前してしまったのだ。何の予告もなく、目の前で振り下ろされる鉄の鎧扉。細々とした神経の回路の、あらゆるレヴェルにおける遮断。世界の消滅。光が途絶え、闇が到来するのではなく、闇そのものまでもの消滅。机にコンピュータを拡げたまましばらく茫然としていると、ニコル、マチルド、オリヴィエといったパリの友人たち、ジョスリーンの家のパーティの常連たちから、矢継ぎ早にメイルが入った。誰もが同じことを告げていた。もはや疑う余地はなくなった。ジョスリーンは向こう側へ渡ってしまったのだ。

ほどなくしてマチルドから、二度目の報せが来た。葬儀は一月一六日、パリのペール・ラシェーズ墓地と、二一日にベイルートのマル・ミカエル教会で行なう。あなたはどちらかに来ることができる？　ごめん、どちらも行けない。折り返し、彼女からパスワード付きで、短いデータが送られてきた。最後まで心血を注いでいた作品が、七分間の短編という形で完成していたのだ。サン＝ジェルマン大通りのアパルトマンを最後に辞してから、ちょうど二か月が経過している。もうあの微笑は、あのきょろきょろと兎のように動く眼差しは、あのウィットに満ちた話しぶりは、永遠にこの地上から失われてしまったのだ。わたしはなんとか自分を冷静に保たなければいけないと、心にいい聞かせた。

一番いいのは、その間、つまり前年の一一月と一二月のことを、順序だてて思い出してみることだ。

わたしの机の上には、一二月に刊行されたばかりの写真集『戦争の地帯』が置かれている。モントルイユのレ・ゼディション・デ・ルイユ（眼球書房）から刊行された二〇〇頁近い横長の書物で、序文をパレスチナの知識人エリアス・サンバールが寄稿し、制作協力者としてゴダールとニコルの名前が掲げられている。ここには全頁カラーで、彼女が二七歳の時から死の直前まで撮り続けてきた、主だった写真が収録されている。

一九七五年、内乱が始まったばかりのベイルートで、民兵の虐殺の真似をして遊んでいる子供たち。瓦礫と化した自宅に戻り、わずかに残った家財を運び出そうとしている人々。西サハラの砂漠に沈む夕陽を眺めている解放戦線の兵士たち。ホメイニ師のポスターを前に振りあげられる多くの手。いっせいに腕を前に突き出し、忠誠を誓うヴェール姿の女性たち。焼け崩れた自宅の前で、マイク片手で懸命に何かを喋っているジョスリーン本人。チュニスに向かう船の甲板から最後のベイルートを眺めているアラファト議長。半ば廃墟と化したベイルートにあっても、歓楽街でベリーダンスのショウに興じる人々。ヴェトナムの河で夜釣りをする少年たち。マリリン・モンローとバービー人形をあしらったコラージュ。カイロの市場。古い映画のポスター。ベイルート郊外にあるシリア難民キャンプの少年……。ここにはジョスリーンが生涯をかけて立ち合い、シャッターを切った光景が収録されている。もし俗説にいうように、人は生涯の終わりに際してこれまで目にしてきたあらゆる光景を須臾《しゅゆ》のうちに逆回転して見ることになるというのが真実なら、彼女はさしずめこの写真集の頁を後ろから捲ってみせるような体験をしつつ、現世から去って行ったことになる。

一二月三日に予定通り写真集の見本ができると、出版元のゲール・タイヒャーとニコルはそれをジョスリーンのアパルトマンに届けに行った。後にニコルが書いてきたところによると、ジョスリーンは少女のように喜んで、さっそく何人かの贈呈者のために署名をした。一番最初に書いたのはゴダールへの献辞だった。奇しくもその日は彼の八八歳の誕生日に当たっていた。

それから二週間後の一八日、ケ・ド・ラ・ロワールにあるＭＫ２《エムカドゥ》の書店で、写真集の刊行を記念する会合がもたれた。ジョスリーンはここでも元気な姿を見せた。少なからぬ友人が顔を見せた。スピーチとサイン会が終わると、みんなで食事に出かけた。ニコルは疲れてしまったジョスリーンを家までタクシーで送って行った。ニコルが送ってくれた写真を見ると、ジョスリーンは白い光沢のある上着を着て椅子に座り、にこやかな表情をしながら読者たちと語っている。オシャレな恰好をしてるじゃないと、思わず冷やかしの声をかけたくなるような雰囲気の映像だ。もっともこの時の外出が彼女にとって大きな負担であったことは間違いがない。わたしの手元に残されているのは、それから数日してマチルドが送ってきたメイルである。ジョスリーンが映画のために日本語のネイティヴスピーカーの女性を探している。誰か、心当たりはないだろうか。これは緊急のことなのだけど……。

ジョスリーンはある時期から、マチルドを秘書代わりにメッセージを送らせるようになっていた。もっともわたしに対しては、つねに自分でメイルを書いてきた。用件は明らかだった。メイの短編の最終的な後処理をするにあたって、房子の童謡「メイのかくれんぼ」を原語で朗読する声が必要なのだ。

わたしは少し考えた後で、ある女性の名前を挙げた。彼女とはフェイスブックを通して知っているだけにすぎなかったが、パリに長く在住して、映画関係の仕事をしている人だとは聞いていた。ジョスリーンと知り合いかどうかはわからない。だがきっと、自分が何を求められているかは機敏に了解できる人だろう。本人の声を直接に聞いたことがないというのにその人物を推薦するというのは、とりわけこうした場合いくぶん危うげなことであり、躊躇がないわけではなかった。だが問題は急を要している。情感をもって日本語を正確に朗読できる女性を、一刻も早くジョスリーンに紹介することだ。

こうしてわたしは、顔も見たことのない女性の名前を挙げた。断られてしまえばお終いだ。でもきっとなんとかなるだろう。だが気懸りは残った。ジョスリーンがわざわざマチルドに、わたしへのメイルを代筆させたことの意味である。ひょっとしてもう自分でコンピュータを弄《いじ》ることができないまでに衰弱しているということなのだろうか。

　わたしは後になってメイから、この時期のジョスリーンが認めたメイルを見せてもらう機会があった。ジョスリーンが発信したメイルは、文体によってはっきり二分されていた。一つはHellow, My Baby……と始まる、ひどく親密な調子のもので、明らかに本人の手になるものだ。もうひとつは事務的な口調で何かを依頼する時のひどく丁寧な文体で、これは明らかにマチルドが遠慮がちに代筆したものだ。メイはジョスリーンになり代わってすべての采配を振るおうとしているマチルドを信頼していなかった。その口ぶりからも、彼女についてあまりいい印象をもっていないことが窺われた。

　打ち解けた私信のなかで、ジョスリーンは一二月二五日のクリスマスのために、メイにはすばらしいプレゼントを準備していると書いていた。これは明らかに、彼女が主演した『わたしの名前はメイ・シゲノブ』のことである。ところがそれが直前に反故になった。メイの携帯には、クリスマス・イヴの直前に、ジョスリーンの疲れ切った声が録音されていた。再生された声を聴くだけで、傷ましい気持ちがした。

　想像するにこの時期のジョスリーンは、自分の生命がいつ突然に途切れても不思議はないという切迫した状況のなかで、映像に音声を付加させる編集作業に集中していたのだろう。燃え尽きる寸前に蠟燭の炎が大きく揺らいでみせるかのようだ。完成は今日か、あるいは明日か。だが、はたして明日もまた今日のように、作業机の前に座って編集を行なうことができるのだろうか。体力はすでに底の底まで使い果たしてしまった。ただ焦燥感だけが自分の生の証である。もし無事に短編を編集し終えたとしたら、もうそれ以上に望むものはない。自分は安堵感ゆえに息絶えてしまうだろう。おそらくジョスリーンはそのように考えるに到っていたはずである。

　ジョスリーンはこうした最後の日々にあっても、フェイスブックに投稿をしていた。もはや友人知人を招くだけの時間も体力もなくなってしまった身にとって、寝台でスマホを操作して得られるこの細微《ささや》かな愉しみだけが、彼女の存在を外界に向かって告げ知らせる手段であった。わたしの知るかぎり、彼女の最後の投稿は一二月二九日のものである。彼女は自分からはメッセージを記さず、ただ九か月前に国外から配信されたニュースを引用している。ケニアの自然保護区で、世界でただ一匹だけ生存が確認されていた白い犀《さい》が、四五歳で死んだという報せである。映像には、年老いて皮膚は皺だらけにはなっていたが、それでも威厳を失わず、悠々と眠っている白犀と、そのかたわらで嘆き悲しんでいる飼育係が映っていた。この映像をどこかから借り受けた時、ジョスリーンはもはや自分の死を受け容れていたはずである。自分は宇宙のなかを一匹の犀のように孤独に彷徨《さまよ》うと晩年に書き記したのは、ニーチェだった。ジョスリーンもまた犀に似合う高貴な孤独を身に纏っていた。

　にもかかわらず、信じられないことに、彼女は死の四日前、一月三日にＴＶ局、フランス24からインタヴューを申し込まれ、それを承諾している。この時はさすがに独力でスタジオに行く自信がなかったようで、ニコルに同行を依頼している。これは実現されずに終わったが、最後の最後まで彼女が自分の作品について責任を取ろうとしていたことの証左だろう。

　ペール・ラシェーズでの葬儀が終わったころ、わたしはふたたびマチルドにメイルをした。ジョスリーンの死に到るまではどのようだったのか。直接の死因は何だったのか。最後の言葉というものがあったとすれば、どのようなものだったのか。サン＝ジェルマン大通りのアパルトマンはどうなるのか。ただちにマチルドから返事が来た。ジョスリーン・サアブは一月七日にパリの病院で、癌で死亡しました。わたしはあなたの知りたいことに、それで充分応えたと信じます。

　フランス人に典型的な、いっさいの感傷を交えず、用件だけを端的に記したメイルだった。逆に彼女は二つのことを事務的に提案してきた。ひとつは自分と息子のネシムが中心となって、「ジョスリーン・サアブ協会」なるものを結成したこと。もうひとつはエジンバラ大学出版局に話を付け、ジョスリーン・サアブ論集を刊行することになったから、年内に五〇〇〇字の字数で英文原稿を寄稿してもらいたいということ。わたしはマチルドの返事には納得がいかなかったが、彼女の機敏な行動に舌を巻いた。おそらく彼女はマルセイユにいて、ジョスリーンの臨終の場には到達できなかったのだ。

　わたしはニコルにも同じことを尋ねた。彼女はただちに長いメイルを送ってきた。そこには一二月からの一月まで、彼女が知っているかぎりのことが細々と記され、加えてペール・ラシェーズ墓地で彼女が読み上げた弔辞が添付されていた。わたしはここに、その一部を引いておきたいと思う。

「何人《なんぴと》であれ、人生にあっておのが道をジョスリーン・サアブの道と交わらせる機を得た者は、善と無垢、優雅と約束、知性と勇気、そして形ある美を目の当たりとする恩恵を得ることでしょう。何人であれ、ジョスリーンと相見《まみ》える幸福を手にした者は、映画史に遺る偉大な映画人と歩みを同じくしたことで、さらなる幸福を手にすることでしょう」。

「ジョスリーンがエマヌエル・レヴィナスに親しんでいたかは知りません。しかし彼女はその哲学をみごとに実践しました。いつも他の人のことから始めることを心掛けていました。モラルの場に限ったことではなく、現実の正義、具体的な正義の自明さということです。彼女が選んだ手立てとは、映像と音、そして書きものです。それらを通して正義を実現することを考えていました」。

「ジョスリーン、わたしたちはあなたを引き継ぐのです。あなたの側で、あなたとともに。あなたのおかげで『自分を奮い起こすこと』を続けるのです。ちょうどあなたが撮影した『戦時下の子供たち』が口にするように。ジョスリーン、あなたはわたしたちのなかで、引き続き生きているのです」。

3

ベイルートに到着した翌日、わたしは重信メイの海水浴への誘いを断って、街角の探究を始めた。手がかりとなるのはジョスリーンの未完の手記と、二〇一五年に発行されたベイルート市街地図である。前者について語っておきたい。

　わたしはジョスリーンと知り合って一年ほどしたころ、突然に『証言者』と題された手記を、インターネットを通して送られた。フランス語で一四〇頁ほどの分量だった。この題名には彼女が戦禍のさなかのベイルートに留まり、その定点観測者として撮影を続行したという意味と、彼女が他ならぬ自分の生の証言者であったという、二重の意味が込められている。パリに滞在していたわたしは比較的時間があったので、一気にそれを読み通した。幼少時代から映画監督になるまで、向かうところ敵なしといった活躍の記録だ。もっとも後半になると脱落部が多く、記述は断片的になってくる。とりあえず先に書いておける部分だけをまず書いておこうという姿勢だけが目立って感じられてくる。彼女がわたしに草稿を送った後もそれを書き続けたのか、それとも病気の進行ゆえに途中で放棄してしまったのかはわからない。死がこの書物を永遠に未完に留めてしまった。

　ジョスリーンの生涯にわたる情熱を理解しようとするわたしにとって、この中絶された自叙伝は大きな助けであった。ベイルートで過ごした幸福な少女時代と父親の思い出について、彼女は機会あるたびにわたしに直接に語ることを好んだ。だがこの原稿にはまったくわたしが知らなかった挿話も多く、固有名詞の点でわたしに多くの手がかりを与えてくれた。記されていることがいったい本当のことなのかと、一瞬目を疑いたくなるような荒唐無稽な部分がないわけではない。幼年期の微睡《まどろ》みのなかにあって、まだ記憶と想像の弁別が確固と定められていない時期を語る時、ジョスリーンは知らずと個人の内面に育まれた神話を語っている。そう思うようなところが少なからず存在していた。

そもそもジョスリーンはなぜわたしに、こんな書きかけの自叙伝を送りつけてきたのだろう。読み終えてしばらく経ったころ、わたしはそれとなく尋ねてみた。ジョスリーンは端的に答えた。だってきみはいつかわたしのことを書くことになるだろう。その時にこの原稿は役に立つはずだ。それにもうひとつ。わたしはきみのことをここに書いておいたのよ。わたしの前に突然現れたきみと話した時の驚き。いっしょに語りあった仏教のこと。アニメのこと。爆撃された日本の都市の話。台所で作ってくれた豆腐料理の数々。だから感謝をこめて、この原稿を読んでもらいたいのよ。

数日をかけて原稿を読み終えたわたしは、そこに自分に対していかなる言及も記されていないことを発見した。もっともそれを彼女に語ることは憚られた。ひょっとしてまだその部分を執筆していないだけのことかもしれない。だが彼女が死んで半年以上が経過した時点で、わたしは別な風に考えている。おそらくジョスリーンは単純に、わたしにこれを読ませたかったのだ。自分が一番幸福だった歳月のことを、地球の裏側から到来したわたしに知っておいてほしかったのだ。アレンビー通りのフランス風ブティックの二階で、優しい姐やのもとで育ったこと。アブデルカデル通りのお屋敷に移り、毎年恒例の夏の避暑に向かう途中、小さな田舎町で車から降りて休憩し、歯に沁みるような氷菓子を食べたこと。セント・ジョゼフ大学に入学してイタリア映画を発見し、ビートルズやローリング・ストーンズに夢中になったこと。彼女はそうした人生の細々とした悦びを、わたしに語っておきたかったのだ。

ジョスリーンの死後、いくたびか交わしたメイルのなかで、わたしはマチルドに尋ねてみた。マチルドは晩年にジョスリーンのもとで秘書代わりをしていたこともあり、さすがに『証言者』の存在については知っていた。だがそれを刊行することは、まず当分の間はありえないとメイルに書いてきた。息子のネシムが母親の遺稿の出版に期待を抱くことは当然のことだろう。だがジョスリーンは他にも、生涯におびただしい数の文章と談話を遺している。自作のドキュメンタリー関係のものにかぎったとしても、それを整理編集して刊行するには恐るべき時間と経費がかかるはずだ。自分がまず直面しているのは、彼女が残した映像作品の散逸を防ぎ、その修復を手掛けるという問題であって、その費用を捻出する手段を考えているところだ。いつもながらにテキパキとした回答である。マチルドのこの返信を読むかぎり、『証言者』がフランスで刊行されることは安易に期待できそうもないとわたしは思った。

もしジョスリーンがわたしに手記の草稿を送ってくれなかったとしたら、わたしは永遠にその存在を知ることがなかっただろう。彼女の家族について、お転婆娘だった中学生時代について、バルドーとビキニ事件について、何も知らないままでいたはずだ。わたしは映画研究家として彼女の作品について分析的論文を執筆することはあっても、それを越えて、彼女の人格の美しさと内面に宿るノスタルジアについて書くことはなかっただろう。わたしはいたるところに書き込みをした手記のプリントアウトを手に、ベイルートの街角を歩き始めた。この手記を手にすることがなかったら、わたしはかつてジョスリーンが少女時代を過ごしたベイルートを再度訪れることもなかっただろうし、刻々と破壊されていく町について彼女がパリにいて抱いた焦燥感も、すべてが瓦礫と化してしまった街角を見届けた瞬間に彼女を襲うことになった巨大な喪失感も、理解することができなかっただろう。だが、はたしてそれはわたしだけの問題だっただろうか。ジョスリーンのコンピュータの内側に保存されていた原稿は、もし彼女がマチルドなりネシムなりにパスワードを通知していなかったとすれば、永久に人の目に触れることがなく、そのまま忘れ去られてしまったかもしれないのだ。わたしは『証言者』のフランスでの刊行の困難を知らされたが、少なくともわたしだけでもそれを読むことができたことを感謝すべきだったのである。

現実に読み始めてみると、『証言者』がけして読みやすいテクストではないことは明白だった。叙述に統一性というものがない。ある主題が突然に終わり、まったく別の主題と化してしまう。年代についての記述が曖昧である。家族についての記述を読むと、まったくといってよいほど固有名詞が登場していない。父親が社会的にどのような地位にある人物であったのか、母親の名前がどうであったのかといった情報がまったくない。父方の親戚と母方の親戚をめぐって、若干混乱を来たしているところがあり、どう見ても事実誤認としかいいようのない記述が存在している。イスラエルの侵略戦争といった大事件の場合には、一応生じた年が注記されているが、語られている多くの出来ごとは、それがいつ生じたものなのか定かではなく、著者が思い出したままに、ごくごくプライヴェイトに書かれている。

しばらく読んでいて判明するのは、彼女が客観的な情報などをこのテクストに持ち込むことに、いかなる関心も抱いていなかったという事実である。ひょっとしてこれは公開や刊行を前提としたものではなく、もっぱら書くことの愉しみだけのために書かれたテクストではないか。ジョスリーンは生前、自分の名前はジョイスとセリーヌの結合だと冗談めかして語ることが好きだったし、他人からそう呼ばれると悦んだ顔を見せた。緩慢にではあるが確実に接近してくる死に向き合いながら、彼女は記憶しているかぎりの自分の人生を、資料にも文献にも頼らず、純粋に記憶に導かれるまま書き記すことに、生の歓びを感じていた。

手記のなかで父親は、ただ彼の若き日の冒険ばかりが、さながら『レイダース』を思わせる活劇として語られている。ただその生業については、その死に際して、彼がレバノン国内に二五の支店をもつ銀行の創設者であったとだけ、簡潔に触れられているにすぎない。このことが気になっていたわたしは、レバノン銀行史について、コンピュータで検索を試みた。サアブの名前は「サアブ兄弟」として、たちどころに画面に登場した。彼らはレバノン銀行史においてきわめて著名な人物であった。

ジョスリーンの父親ジョゼフ・アユーブ・サアブとその兄ミシェル・アユーブ・サアブは、一九五二年にレバノン連邦銀行を開設した。彼らの当面の目的は、レバノン・シリア連邦銀行と対決することであった。後者は独立後まだ十年に満たない新興国レバノンにあって、かねて支配的であった大シリア主義の理念に基づいて、ベイルートの金融界を支配していた。兄弟の情熱はこの大勢力に抵抗し、レバノン人だけによるレバノン人のための銀行資本を確立することに向けられた。二人の努力はみごとに成功し、レバノン金融界にある程度の安定をもたらした。その後、兄弟は離反し、それぞれに別個の銀行業に携わることになる。ミシェルにはファディとファリドという二人の息子がいた。銀行家としてもっとも成功したのが、ジョスリーンより九歳年長の従兄であるファリドである。彼は父親の衣鉢を継いで銀行家として大成し、一九九〇年代にはヴィザ・インターナショナルの理事など、さまざまな要職を歴任した。現在の彼は、レバノン連邦銀行の会長の座にある。

　探究を進めて行くうちに判明してくるのは、サアブ家が典型的な銀行一家のブルジョワジーであるという事実である。ジョスリーンは演劇と映画に心惹かれてはいたものの、アラビア語の古典詩をうまく朗誦することができず、大学入学試験に一度失敗している。その彼女が捲土重来《けんどちょうらい》を試み、翌年にセント・ジョゼフ大学経済学部に入学した時、おそらく一族はお転婆娘がようやく正道に戻り、父親の跡を継いで、やがては家業に邁進《まいしん》してくれるものだと信じて、ひとまず安心したのではないだろうか。もっとも手記にはこうした銀行関係の記述はほとんど皆無であり、ジョゼフという父親の名前すら登場していない。ジョスリーンはわたしに向かって、一度も銀行家であった父親のことなど口にしなかった。彼女の口から出るのはいつも、ガンジーに共感し、コルクの栓の匂いが好きで、クルド人の虜となっても勇敢に逃げ延びて来る英雄の、波瀾万丈の物語だった。

　彼女の家系をめぐる沈黙には、安田財閥の子女であった小野洋子のそれを思わせるところがある。この二人のブルジョワ娘は、万事において物怖じをせず、たった独りでも権力に対峙していくという姿勢において、共通しているところがある。それを「お嬢様気質」だと冷笑的に捉える者は、彼女たちが芸術家として続けてきた孤独な闘いを理解できない者だろう。ジョスリーンは名門サアブ家の令嬢としては、一度も作品を創造したことがなかった。名門の家系からは訣別したところで、パレスチナ難民に共感を寄せ、戦争の災禍を見つめ続けた。わたしは今回のベイルート滞在の間、彼女を知る何人かの映画研究家と言葉を交わすことがあったが、誰も彼女がかのサアブ家の出身であったなど考えたこともなかったといった。この事実から推測してみると、彼女は『証言者』という手記を、こうした世俗的文脈から切り離して執筆したかったのだと判明してくる。

この手記がなかったとすれば、ベイルートの街角に立ったわたしはいかなる指針も与えられることなく、その場に立往生してしまったに違いない。わたしが試みたのは、『証言者』に登場する街角や地区の名前を残らず書き出し、市街地図と照合しながら、ジョスリーンの足跡を辿ることであった。アレンビー通りからアブデルカデル通り、セント・ジョゼフ大学、そしてさまざまな迂回を通して、最後に彼女が到達したブリス通りのアパルトマンへと向かうこと。ベイルートに滞在している間に、なんとかこうした場所のすべてに足を向けておきたい。この行程はわたしにミニマルな巡礼を連想させた。ジョスリーンの魂の安らぎを願っての、恐ろしく短い巡礼。わたしは以前、エルサレムの旧市街で、ゴルゴタの丘へと引き立てられていったイエスの足跡を辿ったことがあった。ジョスリーンが親しみ愛していた場所をその順番通りに訪れることで、わたしは抱え込んでしまった哀惜の念が少しでも晴れることを期待した。

だがその一方で、わたしは自分のそうした甘美な期待がまったき幻滅に終わることも予想していた。ジョスリーンが少女時代を過ごし、大学で知的・芸術的に開花した一九五〇年代から六〇年代終わりにかけてのベイルートは、現在ではもはやほとんど痕跡を留めていないはずである。彼女の言葉を借りていうならば、ドルチェ・ヴィータ、つまり甘い生活は、一九七〇年代に入りイスラエル軍の爆撃と侵攻が開始された時点で、残酷にも幕を閉じてしまったのだ。

一九七五年、内戦が始まった。一九八二年にはイスラエル軍に完全に包囲されたベイルートでは、電力と水を絶たれた市民が、食糧不足のなかで筆舌に尽くしがたい恐怖を強いられた。誰もがアパルトマンのエレヴェイターを使うことに躊躇し出した。空爆のさなか、機械が作動中に停電となった場合、狭い空間に閉じ込められてしまうことを怖れたからである。

少なからぬ人々がこの前後に故国を棄て、欧米諸国へと渡った。アラファト議長の率いるＰＬＯは、この時ベイルートから撤退し、チュニスへ向かうことを強いられた。無防備と化したパレスチナ難民キャンプ、シャティーラでは、キリスト教右派による大量虐殺が行なわれた。一九九〇年になって一五年以上にわたって続いた内戦にようやく終止符が打たれた時、市民たちは疲弊の極にあった。彼らは行方不明の家族を捜そうにも、もはやその手立てがなかった。死体の発掘はなかなか許可されなかった。街角の目立った建築は破壊されているか、たとえ残存していても、外壁におびただしい「薔薇《ばら》」を残していた。ちなみに弾痕を意味するこの言葉をわたしが知ったのは、二〇〇四年、コソヴォの難民キャンプの学校で日本文化を教えた時のことである。それは一九九〇年代にセルビア軍に包囲され、狙撃者の恐怖に日常的に晒されていたサラエヴォで、市民たちがいくぶん自嘲を込めて考案した言葉であった。

わたしがベイルートを再訪した二〇一九年は、内戦の終結から二九年目に当たっている。日本では一九四五年の敗戦から三〇年目は一九七四年であり、かつてはグラウンド・ゼロであった首都の中心地はみごとに復興を遂げていた。日本はオリンピックも万国博覧会もぶじにやり遂げ、高度経済成長が絶頂を極めていた時期だった。みごとに実現した大衆消費社会にはもはや廃墟を見つけることはできなかった。だがレバノンは政治的混乱のおかげで急速な発展を遂げることができず、その後も隣の軍事大国シリアに事実上支配された。二〇〇六年にはヒズボラを目の敵とするイスラエルによって、ふたたび市の南部に爆撃を受けたりしている。この一〇年間の動きを見ると、シリアの国内が政府・反政府、さらにイスラム国（IS）といった具合に分裂し、難民たちが大量に出現したために、レバノンの総人口六〇〇万に対し、その四分の一にあたる一五〇万のシリア難民がレバノン国内に侵入している。これは難民を頑強に拒絶してきた島国国家日本では、まず想像もつかない事態である。レバノン社会は目下、激しい構造的変化の途上である。

　面積でいうならば、東京都と神奈川県を合わせたほどでしかないこの地中海沿岸の小国にむかって、どうしてかくも休みなく厄難が襲い続けるのか。街角に残された無人の高層建築や、外壁だけを残して内側が完全に瓦礫と化した建築を見るたびに、わたしはこうした疑問に囚われた。幻滅は目に見えている。だがそれでも半世紀前の記憶のテクストだけを頼りに街角を散策するお前は、いったい何を期待しているというのか。それはお前が長く文学的主題とし、つい先日、それをめぐる論考を書き上げたばかりの〈愚行〉そのものの実践ではないのか。

　とはいえ心の奥深いところでわたしを衝き動かしていたのは、ジョスリーンだった。たとえ街角の景観は消滅していたとしても、壮麗なる建築が瓦礫と化していたとしても、場所というものは不動のものとしてそこに現前しているはずだ。祖父が裁断したスカートを穿いて、五歳のジョスリーンが佇んでいた繁華街の場所も、一九歳のジョスリーンが『ラバー・ソウル』のLPを小脇に抱えながら級友たちと歩いた大学キャンパスも、三四歳のジョスリーンが撮影カメラを片手に立ち尽くした祖父の家の場所も、場所という場所は残っているはずだ。わたしは徒労と知りながらも、ジョスリーンの背後にある女性的なものの力が自分を誘《いざな》っているのを感じた。悲嘆を鎮めるのにただ一つの手立てがあるとすれば、それは喪われた者が立っていたまさに同じ場所に立つことではないだろうか。

4

アレンビー通りはベイルート市の中央、北寄りにあり、港の西端から南に向かって真っすぐに延びている通りである。両大戦間に撮影された写真を見るかぎり、舶来物資を一手に販売する店が軒を並べ、狭い往来には民族衣装の男たちが犇《ひし》めいている。商店の大部分はトルコ風の建築である。街角を行く女性たちは、誰もが黒いヴェールで軀を包み、店の前では主人と顧客とがコーヒーを呑みながら商談をしている。港町ということでいうならば、その雰囲気は横浜や神戸にある元町の商店街に近い。

　ジョスリーンの母方の祖父母はこのアレンビー通りで生地を売り、服の仕立てを行なっていた。店は広々としていて、フランス風のブティックであった。祭礼の日が近くなると、ショウウィンドウには聖母マリアの絵が飾られた。ジョスリーンは一〇歳になるまで、この店の二階から往来を行く人々を眺めながら育った。

　わたしが足を向けたアレンビー通りには、昔日の殷賑《いんしん》はもはや何もなかった。広々とした道路の両脇に、かつてのトルコ風の建築を模した三階建ての建物が列をなし、威圧的に並んでいるだけだった。どれも真新しいビルである。一階の大きなショウウィンドウを覗いてみると、グッチからアルマーニまで、世界中のブランド商品が陳列されている。大気にいくぶん冷気が混じる夕暮れ時である。さぞや人が出ているだろうと期待して足を向けたのだが、通りは閑散としていた。無人のところはまるでデ・キリコの絵画のようだ。通りを少し奥に入ったところにオシャレなレストランがあり、通りにまで卓と椅子を出している。何組か、ファッショナブルな服装に身を固めたカップルがワインを呑み、食事をしていた。わたしが宿泊しているハムラの人懐っこい下町とはまったく異なった雰囲気だ。アレンビー通りを支配していたのは無臭性である。ここは空間ではあったが、場所ではなかった。

　アレンビー通りの変貌は、いうまでもない、一九七五年に始まるイスラエル軍の爆撃とそれに続くレバノン内戦が原因である。かつての商店街はこの時に徹底的に破壊され、今では拡大された道路以外に何も痕跡を残していない。これは予想されたことであったが、やはり現場に立ってみると寂寥《せきりよう》感を感じないわけにはいかなかった。爆撃で生じた瓦礫の山が片づけられると、巨大な財閥がこの地区一帯を買い取り、再開発を試みて、世界のどこにでもある退屈な高級ショッピング街が実現したというわけである。

現在のアレンビー通り

アレンビー通りを真っ直ぐ北に進めば、海に面して広々とした空地が拡がっている。四年前に発行された地図を見るとウォーターフロントの公園予定地と記されているが、計画はいっこうに進んでいないようだ。わたしはこの土地がかつてノルマンディー地区と呼ばれた広大なゴミ捨て場であり、内乱の時には数限りなく死体が投棄されていた場所であることを、ドキュメンタリー映画で観たことがあった。もっとも現在ではかつての悲惨を思わせるものは何もない。土地の記憶は完璧に消去され、ただ無表情な空間だけがどこまでも続いているだけである。

アレンビー通りを逆に南下して西へ曲がり、バブ・イドリスへ向かう。門《バブ》という名の通り、ここは境界領域で、ベイルートでも屈指の古さをもつ商業地域だった。オットマン帝国時代にはここにユダヤ人の居住地があった。モスクがあり、ギリシャ正教会があり、アルメニア正教会があり、シナゴーグが並ぶという場所であった。道筋が蛇行しているのは、ワジ、つまり涸れ河を暗渠としたためである。

現在のバブ・イドリスには、若干の教会を残して何も残されていない。一九四八年にイスラエル国家が成立すると、この地区に住んでいた少数のユダヤ人はいとも簡単にシオニズムを信奉するに到り、イスラエルへと移ってしまった。わたしは彼らが、アシュケナージム（ヨーロッパ系ユダヤ人）の支配する新生国家のなかで、ミズラヒーム、すなわち「東方の民」と蔑まれて呼ばれ、社会の最下層に貶められている現状を、かつてイスラエル滞在時に見聞している。レバノンからユダヤ人がいなくなってしまうと、逆にパレスチナ難民が到来し、その後は彼らを標的としてイスラエルの空爆が開始された。瓦礫の山はやがて更地となり、野心に満ちた建築家たちが次々と高層ビルを任され建設する。わたしはここでも人気のない、閑散とした風景のなかを歩いていかなければならなかった。退屈なビル街にシナゴーグの跡を示す碑があるはずだったが、捜し出すことはできなかった。ただあるところで道筋が蛇のように曲がっていて、ワジの痕跡であることを物語っていた。今でも雨の季節になると、この道の下をこっそり水が流れることがあるのだろうか。

ふと見上げると、目の前に四〇階近い高層ビルがある。何十という窓という窓が残らず吹き曝しになっている。明らかに誰も住んでいないとわかる。内戦当時に狙撃者たちが立て籠もり、境界領域を走り抜けようとする市民たちを高所から狙い撃ちしていた建物だ。この巨大な廃墟の聳《そび》える四つ角を南に曲がると、アブデルカデル通りとなる。緩やかな坂が丘の方へと通じている。

アブデルカデル通りには、ジョスリーンが一〇歳で移った、父方の祖父の屋敷があったはずだ。屋敷は小高い丘の中腹にあって、周囲には初代大統領官邸やら、各国の大使館公邸やらが立ち並び、高級な御屋敷町を形作っていた。祖父の家は本来はオットマン帝国の歴代提督の屋敷で、帝国の没落後に祖父が買い取った。ジョスリーンは赤い屋根と三つの拱門《アルカード》のある屋敷が自慢で、大広間の壁に掲げられたロシアの大草原を描いた絵画を前に、いつも夢想に耽っていた。いずれ映画監督となった時にはこの屋敷を舞台にカメラを廻したいというのが、彼女の願いだった。

一九八二年、イスラエル軍がベイルートを完全に包囲する四日前、屋敷は炎上してしまう。ジョスリーンはその直後、真っ黒に焼け崩れ、もはや汚れた外壁しか残っていないその跡に、危険を顧みずに単身で乗り込み、マイクを片手に録画を開始する。これがつい昨日までわたしの家で

在りし日のサアブ邸

した。一五〇年の歴史をもつ家が、こうして破壊されてしまったのです。後に『ベイルート、わが都』の冒頭に置かれることになるこの映像は、いくたび観直しても傷ましさが残る。

アブデルカデル通りは、改称もされず存在していた。ただ恐ろしく零落していた。

大きな駐車場、ガソリンスタンド、ラウンドリー、フィットネスサロン、新しいマンション……空爆によって生じた空地には、世俗の建物がところ狭しと建てられている。その間にいくつか、オットマン帝国時代の様式の建物が残っている。いずれもが廃墟で、眺めているだけでひどく陰鬱な気持ちになる。

坂の麓にある邸宅は三階建ての堂々たる造りであるが、もはや外壁と柱木しか残されていない。一つひとつの窓は半円や方形に刳《く》り抜かれ、かつてはそれなりに美しい装飾がなされていたはずなのだが、今では一律にぽっかりと空いた黒い穴と化している。壁には黒々とした「薔薇」がいたるところで咲き誇っている。一階の部屋はすべて扉が破壊されていて、大量のゴミが投棄されている。階段を発見したので、二階へと上ってみた。二階の内側は瓦礫の山であり、かつては人々が夜ごとに星辰を眺めて興じたと思しきテラスには、無情なまでに雑草が茂り、ゴミが捨てられている。夜ともなれば、野犬たちの屯《たむろ》するところにもなっていたのだろう。美しいモザイクを施した床面には、大量の動物の糞便があった。

邸宅は不幸にも完全に吹き飛ばされることがなかった。そのため無残な廃墟のまま、時間の外側に置き去りにされている。取り壊そうとしても、その費用を捻出する者がいないのだ。わたしは日本が敗戦を迎えた数年後に、坂口安吾が著した「風流」というエッセイを思い出した。彼は戦災にあってすべてを再建した都市に比べ、運よく戦災を免れ、戦前からの建物を多く残している都市の汚さを論じていた。

緩やかな坂の左側には、さらに大がかりな廃墟があった。ここでも建物は外壁だけが残り、内側は空虚となっている。そこに植物が繁茂しているさまが、ガラスもないまま放置された窓の奥に微かに覗いている。かつては豪奢を極めた露台《バルコン》があった。だがそれは今は無惨にも毀《こぼ》たれ、天井に埋め込まれたタイルが半ば剝げ落ちている。ここでも樹木が生茂っている。高い塀に隠されていて直接に地面を見ることはできないのだが、太い幹をもった樹々が薄暗い空間を突き抜け、露台を通り越して、思うがままに枝を伸ばしている。整然と刈りこまれていたはずの庭園の樹木ですら、四〇年近い歳月のうちに野生の本性を剝き出し、空間の全体を取り仕切るに到っている。

アブデルカデル通りの坂は、二〇〇メートルほどで、右が駐車場、左がガソリンスタンドとなる。それから先はエヴァンジェリカル学校通りと名前を変える。駐車場から西に延びている路地を眺めると、一軒だけの雑貨屋や町工場がひっそりと並んでいる。薄暗い空間。油で黒く汚れた壁と道路。これではサアブ家の跡地から遠ざかってしまう。そう思い直して駐車場に足を踏み入れてみる。

駐車場は呆れるほどに広い。管理人のいる小さな小屋があるだけの単なる空地で、何十台もの車が雑然と停められている。入口に大樹が一本、繁っている。駐車場と通りとは、以前はそれなりに頑強であったと思しき石の壁で隔たれているのだが、今ではあちらこちらが傷み毀たれている。悲嘆の情を誘うその堅固さが、往古にこの場所が豪邸であったことを証立てている。先に進むと石壁の傷み具合はいっそう激しくなり、あるところではそれを刳り抜いてコンクリで壁を補修し、家具の修理工場が設けられている。

ベイルートは交通渋滞が大きな社会問題となっている。そのためいたるところに駐車場が設けられている。ある時わたしは、それが空爆によって生じた空地であったことに気が付いた。きっとここらが臭いぞと、わたしは自分にいい聞かせた。

最初の駐車場の奥に小さな脇道があり、さらに別の駐車場へと続いていた。ここは先のものよりもさらに広く、より整然としている。全体は坂地で二段になっていて、百台ほどの車が停められている。作業員らしき男が三人。いずれも暇そうに雑談をしている。脇には樹木が少し。ただその規則正しい並び方を見てみると、かつて庭園のために計画的に植樹されていたことがわかる。駐車場の脇には、いくぶん小ぶりではあるが、古い三階建ての家がある。三階は無人で、窓が開けっぱなしだが、朽ち果てた壁を眺めていると、やはりこのあたりがお屋敷町であったことが判明する。屋上に女の影が見えた。

ここまで歩いてきて、わたしはこの風景はどこかで見たことがあるという気になった。一日中、炎天下を歩き続けてきたせいで、疲労から既視感を誘発してしまったのだろうか。そうではない。この場所には確かに見覚えがある。金網を通して駐車場を覗き込んだことも、脇にある古い家の屋上からこちら側を眺めたこともある。しばらく考えてみて、それがジョスリーンが二〇〇九年に監督した最後の劇映画『何が起きてるのか？』の冒頭場面であると思いあたった。わたしはあまりに難解すぎるという理由から、ベイルートで早々に上映打ち切りとなったこのフィルムのことを思い出した。

無人の駐車場のなかで、一人の女が無心に軀を動かしている。褐色の肌を持ち、野性的な風貌をした女が、長く縮れた髪を振り乱しながら、農耕儀礼であるかのようにゆっくりと軀を曲げて踊っている。彼女はさながら大地の精霊であるかのようだ。

たまたま通りかかった青年が、手にしているカメラでつい彼女を撮影してしまう。二人は金網越しに言葉を交わす。不思議なことに彼女は夜になると、どこか秘密の場所に安置された巨大な書物のなかに滑り込んで眠ってしまう。青年は彼女を愛そうと試みるが、どうすればよいのかがわからない。

青年はこの不思議な踊子を目撃した後、ベイルートのさまざまな庭園や広場に足を向けるたびに、見知らぬ神秘的な女性に出会う。ある女性は高い建物の上から、青年にむかって呼びかける。「わたしはアダムの最初の妻であったリリトである。アダムの肋骨から生れたイヴと異なり、アダムに従属する存在ではない。わたしはアダムと対等の存在なのだ」。こうした出会いのたびごとに、レバノンの現代詩人から村上春樹まで、多くの文学者の作品から引用がなされている。青年は究極的な神託を受ける。ひとたび廃墟と化したベイルートを再生させるためには、山中にある秘密の「岩陰の子宮」に参籠《さんろう》しなければならないと、リリトは告げる。彼はそこで山道を行き、修道院の図書寮で自分にそっくりの分身に出会う。

『何が起きてるのか？』は一人の青年の、女性を介しての通過儀礼の物語である。と同時に、ベイルートという、貶められ傷つけられた原初の女性の復活を祈願してなされる、象徴的儀礼の物語でもある。都市の地母神であるリリトの導きによって、青年は自分の隠された分身に遭遇し、長い間等閑視されていた心の統合へと一歩を踏み出す。それは分裂の痛みを抱えたベイルートの再統合に他ならない。

　ジョスリーンはこの都市再生の期待の物語を、かつての祖父の邸宅跡を描くことから語り始めた。それは彼女の内面で、ベイルートの復活とは、喪われたサアブ家の栄光の日々の回帰に他ならないことを意味している。ちなみにこの冒頭部分では、駐車場で野性的に踊る女性の画面と交叉するように、海辺で生地《きじ》を裁断し沈思黙考する老人が描かれている。思うにこれは、アレンビー通りの仕立屋であったジョスリーンの母方の祖父をめぐる記憶の反映ではないだろうか。ジョスリーンはこうして自作の冒頭で、父方と母方の家族の記憶を交錯させ、それを辿ることで、分裂していた都市の統合の手立てを希求している。一九七〇年代から八〇年代にかけて、なし崩し的に破壊されていったベイルートを見つめ続け、それを三本のドキュメンタリー映画に記録した彼女は、それから二十数年の後、劇映画の形を借りて、ベイルートの神秘的再生を祈願する作品を撮った。それは彼女の内面のなかで分裂し、対立しあっていた映像の統合と和解への過程であった。

　セント・ジョゼフ大学はベイルートのほぼ中央に位置している。明るい雰囲気のキャンパスで、午後に足を向けると、講義を終えた女子大生たちでごった返している。アメリカン大学のように、入構に際して身分証の提示が求められることはない。ミッションスクールであるからか、構内で

現在のセント・ジョゼフ大学

の掲示はフランス語で統一されている。

　わたしは一三年前に、この大学の芸術学科で二回、日本映画について講演をしたことがあった。学生たちは真面目でしかも嬉々としていた。わたしが日本映画における盲人の表象について話すと、主任教授がそれを受けて、旅芸人の調査のためペルシャ湾の湾岸地域をフィールドワークしたときの話をした。少なからぬ芸人たちが盲目であり、それゆえ畏怖の対象と見なされていたと、彼は語った。わたしは女子大生から論文執筆の相談を受けた。レバノンは慢性的に失業率が高く、大学で映画の勉強をしていてもミュージックヴィデオの制作くらいの仕事しか得られないと、彼女はいっていた。この時もキャンバスの明るい、解放的な雰囲気が印象に残った。

　ここがジョスリーンが一九六八年を迎えた場所なのだと、わたしは改めて思い直した。二〇歳の彼女はフレンチ・シャンソンとロックンロール、イタリア映画とゴダールの洗礼を、ここで一度に浴びたのだ。彼女が大学生だった頃、東京で高校生だったわたしは、新宿と渋谷の街角を徘徊しながら、同じ音楽を聴き、同じフィルムを観ていた。ベイルートと東京は、ほどなくして政治的高揚に包まれることになった。ジョスリーンがカルチェ・ラタンを行くデモ行進の映像に心躍らせたように、わたしもまたパリの〈五月〉を仰ぎ見ていた。セント・ジョゼフの大学生たちがフォークギターを片手にパレスチナ解放を歌う時、新宿駅西口広場では日本の学生たちは同じギターを片手に、ヴェトナム反戦と安保条約破棄の歌を歌っていた。

　もっともベイルートと東京の違いは、前者がその後、イスラエル軍に侵攻され、二派の民兵たちが長きにわたって市民を殺戮し続けた点にある。内戦の時期には、大学のすぐ側に分断を示す境界線が設けられていた。境界を潜《くぐ》ろうとする者に対しては、高所に身を隠した狙撃者たちが、容赦なくカラシニコフを放った。今でも大学の脇を南北に走るダマスカス通りには、壁中に弾痕を残し、内部が崩れ落ちて外壁だけが残されている建物が少なからず残っている。通りを南に進み、インデペンデンス通りと交叉するところに、「ベイト・ベイルート」と呼ばれて、その最たるものが存在していた。五階建てのビルの壁面が半分ほど破壊されたため、あたかも頬が削り取られて歯が剝き出しになった人間の顔面のように、無惨にも建物の内側が晒されたまま残されている。ベイルート市はこの建物を撤去したり修復にかけることを中止し、あえてそのままに留めることで内戦の記憶を保存しようと試みた。それは今では写真展や演劇を開催する文化センターとして機能している。建物とは書物であり、何よりも記憶なのだと、ヴィクトル・ユゴーは『ノートル＝ダム・ド・パリ』のなかで一章を割いて論じたが、その精神がここには継承されている。

　ドキュメンタリー作家であるハディ・ザカックの研究室は、セント・ジョゼフ大学の本校舎からダマスカス通りを南下し、ベイト・ベイルートを越してさらにそのまま下ってしばらく行ったところにある。セント・ジョゼフの映像メディア系列の別校舎である。途中にはユダヤ人墓地と第一次大戦で戦死したドイツ人墓地などが高い塀に囲まれて並んでいるが、いずれもが閉鎖されていた。

　ハディに会うのは一三年ぶりだった。最初に会った時、彼はまだ三〇歳ほどで教授職に就いておらず、ベルリンでパレスチナ難民の取材を終え、帰国したばかりだといった。わたしたちは夕食をともにしながら、レバノンにおける難民の困難な生活状況について語り合った。彼らは土地を私有できないばかりか、七三の職業に就くことを許されていない。資格さえあれば食糧と物資の配給を受けることはできるが、失業率は恐ろしく高い。この次は南レバノンの難民キャンプについてドキュメンタリーを撮る予定だとハディはいい、刊行されたばかりのフランス語のレバノン映画史をわたしに渡してくれた。もうあれから時間が経ったから、増補版を出さなきゃいけないだろうというと、次はアラビア語での本にするつもりだと、彼はいった。

　この一三年の間に、彼はさらに何本ものドキュメンタリーを完成していた。とりわけ興味深いのが、一〇四歳になる自分の祖母アンリエットを撮った作品だった。戦禍を避けてベイルートからブラジルへ移住したこの活力に満ちた女性を通して、庶民のレバノン史が浮かび上がってくる。わたしたちはしばらくその話題で盛り上がった。わたしは思い切って、ジョスリーン・サアブのことをどう思うかと尋ねてみた。

「悪いけどサアブのことを、レバノン人はほとんど知らないんだ」。ハディはいった。「僕だって映画の先生だから、一応その名前は聞き及んでいたけれど、彼女はずっとパリとカイロを拠点としていたからね。『昔むかし、ベイルートで』はなかなか公開されなかったし、『何が起きてるのか？』は評論家に不評で、すぐに打ち切りになってしまった。今年の初めに亡くなったというので追悼上映が組まれ、それでみんな、彼女の存在を改めて認識したというのが、本当のところじゃないかなあ」。

　わたしはベイルートのシネマテックの現状を尋ねた。

「シネマテックはうまく機能していない。九〇年代の初めにサアブが身銭を切って、ほとんど独力でレバノン中を駆け廻り、戦禍のなかで残存しているフィルムを集めてはシネマテックに寄贈したというのに、今では政府の文化予算が払底してしまい、ほとんど停止状態になっている。彼女が生きていたらきっとがっかりするだろうなあ」。

そうか、そうだったのか。わたしは『昔むかし、ベイルートで』の冒頭を思い出した。ヤスミンとレイラという一八歳の女の子が、第一次大戦前の貴重なフィルムを入れた缶を手に、タクシーで郊外の老朽化した映画館へと向かう。二人は誘拐ごっこみたいと喧燥《はしゃ》いでいるが、失われていたフィルムの発掘という作業は、その当時、まさにジョスリーン本人が手掛けていたことだったのだ。彼女は自分が懸命に携わっている作業を、内戦終結後に廃墟のなかで育った少女たちに肩代わりさせ、ミュージカル仕立てで描いてみせたのだ。とはいうものの、その努力がレバノン国内においてまったく認められず、彼女がほとんど無名に留まっているとは、なんと不条理なことだろう！

5

ここでわたしは、結果的にジョスリーンの遺作となった *My Name is Mei Shigenobu* について、語っておかなければならない。

『わたしの名前はメイ・シゲノブ』は静謐な雰囲気を持った、七分の作品である。テクストは青みがかった色調のもと、ときおり少し重たげなピアノを伴って語られていく。

最初に主題が提示される。「すべてのものが揃っていた日というものがあった。それからしばらくして、すべてが喪われた。すべては主体の前から消え去った。悲しみの対象に向かい合うには、どうすればよいのか。それがノスタルジアだ」。

陽光さざめくベイルート・マナラ地区の海を、メイが眺めている。ショットが切り替わり、若き日の房子が崖の上に立ち、撮影隊の一行とともに映画撮影をしている光景となる（これは一九七〇年前後の若松孝二を描いた白石和彌《かずや》のフィルム『止められるか、俺たちを』［二〇一八］からの引用である）。マナラの海岸に戻ると天気は一変していて、雨が静かに降っている。

荒れた波の騒ぐ海。夏場には賑わったレストランは、今では卓を畳み、がらんとした空間には誰もいない。メイの独白。子供の頃から自分たちの正体を隠し続けるという秘密を担わされてきたこと。三つか四つの時、わたしは尋ねた。これからどこで生きていくの。どうして生きていくの。酸素を求めて水面に口を突き出して足掻く魚のような気持ちを抱きながら。メイの顔に若き日の房子の顔が重なり、二人の黒く長い髪が共鳴しあう。

降りしきる雨のなか、ジョスリーンとメイが無人のレストランの階段を上る。メイは愛《いと》おしむようにジョスリーンの髪に手をやり、親密な対話を続ける。母親がモサドの暗殺の標的になるのではないかと、いつも心配だったと、彼女はいう。大阪で逮捕され、連行されていく房子の映像が挿入され、そこに日本語で「メイのかくれんぼ」という房子の童謡が朗読される。この部分は作品の核をなす部分なので、全文を引用しておこう。房子が二〇〇二年一〇月、東京の拘置所で執筆したもので、子供のための書きものという性格を配慮して、いくつかの漢字にはルビが振られている。

メイの、かくれんぼは、
とってもたのしいかくれんぼ、
ままがオニになって、
メイに、「さあ、ままに、
みつからないように隠《かく》れて！
一〇数《かぞ》えるうちに隠《かく》れてね！」
と言って、数《かぞ》えおわると、
メイは、いつも目をつぶって
自分《じぶん》でみえなくしてしまいます。
「みえないでしょ！」って言いながら、
そんなメイは、とってもかわいくて、
ねこや、鶏《とり》さんも、メイのそばに、やって来ます。
「もういいよ！　もういいよー！」
って言いながらメイは、こんなふうに、
かくれんぼをするのです。

幼いメイは自分が眼を瞑れば、姿を隠すことができると信じていた。フィルムでは、そこに若き日の房子のクロースアップが続く。ここでは一九七三年に山口淑子《よしこ》（李香蘭）が撮影した、ドキュメンタリーから引用がなされている。

最後に英語で字幕が入る。メイは母とともに、もうひとつのノスタルジアを分かち合っていた。房子はパレスチナ闘争を担う人たちとともに生きた。彼らは自由と記憶を奪われ、筆舌に尽くしがたい屈辱のもとに生きている。房子は自分たちが喪失した空間と時間を回復できると信じて、ベイルートを拠点とし政治闘争を続けた。ノスタルジアは、母と娘のアイロニカルな矛盾を証立てる。それはいかにも困難ではあるが、同時に親しさに満ちたものである。

『わたしの名前はメイ・シゲノブ』の核となっているのは、「メイのかくれんぼ」と呼ばれる詩である。かくれんぼ自体は世界中どこにでもある子供の遊戯だ。だがそれが房子、メイによって演じられる時、そこにはいくつもの多層的な意味が横たわっている。以前にも少し書いたことがあるが、ここでもう一度、彼女たちの生きた世界のあり方を、はっきりと考えてみよう。

この二人にとって身を隠すとは日常的な素振りであった。彼女たちはモサドと日本官憲の双方の眼を掻い潜り、逃亡と変身の人生を生きてきた。日本赤軍最高幹部であった房子は、しばしば予告もなくメイの前から姿を消した。メイは理由も説明されぬまま、別の家、別の都市、別の国へと住処を変え、まったく知らない人たちの間で生き延びることを覚えた。メイの前で房子は二七年にわたって隠れん坊をしていたのである。

隠れん坊の遊戯はこの二人にとって、危機に直面した場合のシミュレーションゲームである。それはメイにとっては、遊戯を媒介として現実の苦痛と不安に耐えて、それを軽減する、無意識の仕種でもある。モサドや日本の官憲という凶悪な鬼を、無限の親密さをもった母親が演じることによって、恐怖に距離を与えようとする試みだといえなくはない。

とはいうものの、メイはなぜ隠れん坊の遊戯において、自分で身を隠そうとせず、ただ目を瞑るだけなのか。それは単純にいうならば、この遊戯の規則の否定である。身を隠そうとしない彼女は、鬼である母親に簡単に発見されてしまうだろう。だが現実には母親は現前と不在の両極を往還しており、メイは好むと好まざるとにかかわらず、これまで長きにわたって隠れん坊を強要されてきたのだ。この現実を耐えうるものへと変えるためにも、彼女は深く目を瞑っていなければならない。

メイが望んでいるのは、母親の消滅という苛酷な現実を何とか内面において了解し、それに耐えようとすることである。しかし同時に、彼女は母親に発見されることをも、強く待ち望んでいる。この屈折した遊戯を中心に据えることで、『わたしの名前はメイ・シゲノブ』は、母親の突然の逮捕によってひとたび自己同一性の危機に陥ったメイに、ある種の心理療法の可能性を示唆している。生れて初めてその存在を社会的に公認されようとしている娘が、不在と化してしまった母親にむかって、和解の申し出を差し伸べようとしている。不幸にして断片という形でしか遺されていないこのテクストは、こうした母と娘の絆を再生させようとする予感に満ちている。

作品の後半では、女性の髪という主題が登場している。一九七〇年代、房子は肩まで伸びる黒髪の美女として、日本では神話化されていた。それから三〇年近い歳月の後、大阪で逮捕され、手錠を掛けられて新幹線の車内へと連行されていく房子は、カール・ドライヤーの『裁かるるジャンヌ』の聖女とまではいかなくとも、思いがけなくも短髪であった。サアブは彼女の逮捕の瞬間の映像を見逃してはいない。だがその一方でメイの長く美しい髪が強調され、そこにかつての房子の挑発のショットが連結する。メイはサアブの髪を慈しむように撫でる。こうして不在と現前という二項対立を越えたところで、髪を媒介として三人の女の親密さと相同性が確認される。

　サアブはこの光景を撮影するにあたって、ベイルートの海岸にあるカフェ・ラウダを撮影場所に選んだ。季節外れのため、椅子も卓も片づけられ、誰も客のいない空虚な空間にメイを一人立たせた。先にも書いたが、この場所はかつてサアブ本人が『ベイルートからの手紙』（一九七八）において、パリの友人に向けて孤独に手紙を書き綴っていたのと同じ場所である。ラウダ、海の花嫁よ。この悲痛なドキュメンタリーからちょうど四〇年の後に、彼女は自分の最後の作品を撮るために、同じ場所に戻ってきたのである。

　わたしは二〇一八年一一月にパリのジョスリーンの作業場で、粗編集を終えたばかりのこの作品の原型を一度観ている。その時にはまだピアノの伴奏はなく、「かくれんぼ」の詩も吹き込まれていなかった。マチルドからデータで送られてきたこの完成ヴァージョンでは、わたしが推薦した女性が日本語でそれを朗読していた。彼女は美しくも正確な声で朗読し、作品に優雅な威厳を与えていた。繰り返し再生して観ているうちに、この短編が当初の長編の主題を凝縮しているばかりか、それ自体として深い親和力に満ちた、珠玉のような作品であるように思われてくる。

ジョスリーン、よかったね。わたしは消え去ったジョスリーンに呼びかけたくなった。お母さんとの長年にわたる確執は、この作品の完成をもって、みごとに和解へと到達したはずだろうという印象をもった。

6

「ジョスリーンのこと？　何でも喋るわ。もう初めて会った時から、お母さんって呼んでみたい気持ちになった。もう何を聞いても受け入れてくれるという感じ」。

　重信メイは最初にそういった。嬉々とした口調だった。

　わたしたちはハムラ通りにある、彼女の行きつけのカフェで話していた。外では何やら集会が行なわれているらしく、拡声器を通した演説の声やら太鼓の音やらが、ときおり聴こえてくる。

「最初に会ったのは二〇一七年の二月で、海岸の近くにあるスポーツクラブのレストランで食事をしながら、二時間くらい話したのだけれど、もうすっかり打ち解けちゃって、何でも話してもいいなという気持ちがした。わたしが個人的なことをどんどん話しても、それを聞いてくれて、ちゃんと受け入れてくれる。ジョスリーンの方も、自分は長い間、母親と仲が悪かったけれども和解をすることに決めたという話をしてくれたし、お互いの母親の話をしているうちに、あっという間に時間が経ってしまったという感じ」。

　とりわけメイにとって大きな体験は、祖母との邂逅だった。以前にも話してくれたが、それは日本が彼女の前に両腕を拡げて見せたという大きな徴《しるし》であった。

「わたしはわたしで、いろんな話をした。子供の頃からベイルートのなかでもあちこちに引っ越しをしなければいけなかったとか、日本に「帰る」時にはどうしてもお祖母ちゃんがわたしに会ってくれなくて、もう娘だけでも大変だったのに、孫までがという感じで、それがわたしがＴＶに出ているのを見て、すっかりわたしのことを好きになって、弁護士さんに頼んでわたしを呼び寄せてくれたりして、もうそんなことをいっぱい喋ったの」。

「母が癌で、東京の刑務所病院では設備が不充分だから、わざわざ大阪まで移送されて手術を受けたって話をしたら、一瞬、ショックな顔をしていた。今から思うと、自分も癌だったからだと思う」。

「二度目にあったのはたしかお友だちの山荘に誘われたんだったかな。わたしはちょうどその日がジョスリーンのお誕生日だと知ってたから、小さなケーキをこっそり準備して行って、彼女に見せたの。もう、すごく喜んでくれた」。

「本格的にシノプシスを作成する時にはパリに呼ばれたんだけど、もう何日も何日も作業場に閉じこもって、本当に細かな、細かな質問をしてくるのね。それは大変な作業だったけれど、集まってくる人たちも本当に献身的なのよ。ジョスリーンはベイルートでもパリでも、彼女のためなら無償で協力するという友だちをたくさん持っていて、これは偉いなあと思った。みんな、本当に彼女のために悦んで仕事を引き受ける。それにやっぱり感動するのは、仕事に対する情熱の強さね。どんなに難しい場所に立たされていても、最後の最後まで諦めようとしない彼女の強い意志は、ほんとうに立派なものだと思う。それにとても細やかな配慮を忘れない。彼女は真にすばらしい人だった」。

メイの説明によるならば、最後の短編は二度にわたって撮影された。二〇一八年七月と一〇月で、場所はともに海岸のカフェ・ラウダである。

「最初の時は夏の盛りで、天候がとてもよかった。その前日にいきなり、服を三着、Tシャツを三着、靴を二組、持ってきてほしいという電話があった。ラウダに行ってみると、スタッフは全部で五人。ただこの時は軽い感じの昼間の撮影で、彼女が細かな説明をするという感じではなかった。ま、とりあえずカメラを廻しておいて、テスト版を拵《こしら》えておこうかという雰囲気だった。

ところが一〇月の撮影は、意図からして、方向性からして、まったく違っていた。この時は何日か前に連絡があり、夏の時と同じ服を持参するようにという指示があった。スタッフはジョスリーンを除けばたった二人。いずれも彼女がベイルートの学校で教えた元学生だった。この時はひどい悪天候で、ラウダの店の方は、最初は撮影なんてできないといって、許可してくれなかった。けれども勝手に鍵がかかっている階段の柵を外して二階に上り撮影した。雨も風も強かったので、あらかじめ椅子やテーブルは片づけられていた。無人だったのが幸いしたんだと思う」。

「階段をジョスリーンとわたしがいっしょに上るショットや、わたしがジョスリーンの髪にさりげなく手を伸ばして撫でるショットは、もとより彼女の計画していたものではなかった。二人のスタッフがちょっと手が空いていたので、偶然に撮影したショットだった。それを後でジョスリーン本人が見て気に入ったらしく、作品のなかに採り入れた」。

「七月の段階ではファウンディング集めのために、とりあえずテスト版を作ってみようという気持ちだったと思う。四〇年前に『ベイルートからの手紙』を撮影した場所で、わたしにかつての自分と同じ役を、同じ仕種をさせてみるというのが狙いだったのじゃないかな」。
「撮影の後では、今度はわたしの方から、ジョスリーンをラシャ・サルティに紹介した。ラシャは国際的な影響力を持つ映画人なのだけど、父親がパレスチナ人で、その縁でわたしは親しくしていた。二人が実際に会ったとは思えない。でも電話か何かでお互いの意見交換はしたと思うの。ジョスリーンがラシャからどのような助言を受けたかはもうわからなくなってしまったけれど、ともかく短くてもよいから後世に遺すべき作品を、それがまだできるうちに撮って完成させておこう。彼女がそう決意したことは事実だと思う」。

　わたしたちがカフェで話をしている間、しだいに店の外では喧騒が大きくなっていった。テーブルに座ってコーヒーを飲んでいた客が、何ごとが起きたのかといわんばかりに立ち上がり、慌ててカフェの外へと出て行った。マスターと思しき髭面の男がメイに目配せをした。ちょっと外の様子を見てみたらどうかという合図である。わたしたちは外へ出た。ハムラ通りは群衆で恐ろしく混雑していた。

　カフェの前の四つ角に演台が設けられ、一人の青年の映像が巨大に引き伸ばされて背後に立てかけられている。つい今しがた最初の演説が終わったばかりのようで、周囲には熱気が立ち籠めていた。大通りには何十人もの青年たちが規則正しく整列し、その最前列では二人の少女が凛々しい表情で、巨大な黒い旗を掲げている。全員が黒シャツを着用していた。青年たちの背後には子供たちがいて、四人一組で大きな黒旗を道路の上に拡げ、その端を手で持ち上げていた。まるで一昔前のベルトルッチのフィルムに出てきそうな光景だった。

「シリア社会民族主義者党の集会よ」とメイが説明してくれた。

　この政党はシリアのみならず、レバノン、パレスチナまでの地域を含めて「大シリア」と見なし、その民族主義的な統合を目的としているという。黒い制服に見られるように、ナチズムやファシズムから強い影響を受けていて、最右翼であるレバノン民族主義党とは鋭い対立関係にあるという。

　一九八二年、イスラエル軍がベイルートを占拠し、ユダヤの兵士たちが我が物顔で街角を闊歩していた時、ハーレッド・アドワーンという一人の青年がいきなりファーストフード店に乱入し、食事をしていたイスラエル兵二人をピストルで射殺した。青年は兵士たちによってたちどころに蜂の巣にされたが、その行為は抵抗の象徴として讃えられ、今なお彼を英雄視する者は後を絶たない。四つ角に設けられた演台は、シリア社会民族主義者党が彼の勇気と偉業を讃美するために設けられたものである。メイの説明を要約してみると、そのようになる。

　それにしても異様な光景だった。黒シャツに身を固めた若者たちが黒旗を掲げる二人の少女を先頭に立て、一糸乱れず大通りを行進してゆく。その後に党旗を拡げた幼い子供たちが、これも幼げな制服姿で行進を続ける。こうしたナチス紛いの光景を目の当たりにしてしまうと、一五年間続いた内戦が終わって、ようやく都市の再建に取りかかろうとしているというのに、ベイルートの政情がまだ不安定であることがわかる。右派と左派の間では一応の和睦はなったものの、いつ何時《なんどき》、過去の怨恨が噴出し、ふたたび残虐な事態が引き起こされてしまうのではないか。そう心配になってくる。現に隣国シリアではアサド独裁政権と反政府軍、ＩＳ、ヌスラ戦線、それにクルド人たちがいくえにも複雑に絡み合った戦いを続け、そこに大国が介入して、容易には理解しがたい状況が続いてきた。独裁政権を嫌ったシリア人たちは次々とレバノンに難民として流入し、その数はレバノンの総人口六〇〇万に対し、その四分の一にあたる一五〇万人に達している。このところ一見平和そうに見えるベイルートだが、これから何が起こったとしても不思議ではない。

わたしたちはカフェに戻った。

「でもジョスリーンはよく溢《こぼ》してたよ。メイがなかなか心を打ち明けてくれない。核心のところにまで来ると話を逸らしてしまったり、黙ってしまったりするって。パリにいた時、夜中にふと気配がして隣の寝室を窺ってみると、ずうっと長電話をしていたことが何回もあった。あれって、ベイルートのメイさんにかけていたのじゃないかな」。

「たぶんそうだと思う。だってジョスリーンは、わたしが何回も何回も同じことを繰り返しても、絶対に自分の枠組みを変えようとしなかったのだから。

たとえばね、母親にきつく叱られたことはあるかとか、母親を怖いと思ったことがあるかとか、執拗に尋ねてくるのよ。暴力を振るわれたことはあるかって。わたしがそんなことは一度もないと答えると、どうして隠しているのか、もう隠さなくていいんだよといって尋ねてくる。ジョスリーンの心のなかでは、お母さんというのは恐怖や暴力に深く結びついていた存在だったのね。

それはわかると思う。でもわたしはそうじゃない。お母さんは突然に目の前から消え去ってしまい、ある日突然に戻ってくる。いつも予想ができないことが起きるのが日常なものだから、お母さんもせっかく会えた娘に意地悪をするわけがない。でも、わたしはいつだってお母さんに優しく優しくしてもらったのだといっても、ジョスリーンは信用してくれない」。

「ベイルートの街角はゴミでいっぱいよ。わたしも子供のころ、みんなと同じようにゴミを道に捨てようとした。するとお母さんが、日本人はそんなことをしてはいけないといった。わたしがこの思い出をジョスリーンに話すと、彼女はたちまち拡大解釈して、叱られた時の心理的ショックはどうだったかとか、手を抓《つね》るといった暴力を振るわれたことはなかったかとか、もう根掘り葉掘り尋ねてくる。わたしがいくら否定しても、それを訂正しようとしない。彼女はわたしを、自分が創り出したキャラクターのなかに、無理やり閉じ込めてしまおうとする。シノプシスを渡されたわたしがそれに訂正を求めるメイルを長く書いたとしても、半年経って送られてきた新しいシノプシスには、また以前に否定したことが場所を変えて繰り返し記されている。ジョスリーンは自分の母親をめぐる固定観念の強さをそのままわたしに押し付けようとし、自分が創り出したフレイムワークの内側でしか人間を見ようとしないのよ」。

　わたしにはメイの言葉が素直に了解できた。ジョスリーンは幼少時より母親に対し、頑強なまでの敵愾《てきがい》心を抱いていた。そのことに苦しみ、そのことに悩んできた。齢九一になった母親は、過去の記憶のいっさいから解放されていた。その母親と向かい合った時、ジョスリーンは積年の憎悪の無意味を知り、母親との和解を求めるようになったのだ。にもかかわらず、彼女の内面に形成されてきた母親をめぐる観念は、鍾乳洞の石柱のようにけして崩壊することなく、彼女を苦しめ続けた。心は母親との和解を求めようとしても、どうしてもメイの母親のように、全身が慈愛と優しさに満ちた母親というものを、映像として思い描くことができなかったのだ。わたしはメイに同情した。

表の騒ぎは収まったようだった。もはや太鼓の音も、党歌の合唱も聞こえない。黒シャツ隊の行進は過ぎ去ってしまった。

わたしたちがあまりに長く話していたからだろう。ウェイターが改めて飲み物の注文を取りに来た。痩せて、頼りなげなところのある青年だった。

「今は仕事だから制服は着ていないけど、この人だってシリア社会民族主義党の党員なのよ」とメイがいった。それから彼女は、メイの母親が異国の地にあって子供に日本の大福餅を食べさせるために、いかに台所で時間をかけたかという話をした。日本の食材のない異国でいかに素麺《そうめん》を作るか。いかにお節料理を拵えるか。それはジョスリーンがけして心を向けようとしなかった類の、メイの少女時代の日常生活をめぐる挿話だった。

日本赤軍の子供たちは三人いた。親たちは子供のためにつとめて日本語を話し、日本文化を教えようとした。子供の時はお正月にまず書初め、それから百人一首を覚えさせられたと、メイはいった。大人たちは現実の日本の政治体制を嫌い、ベイルートへ流謫《るたく》の道を歩んだが、彼らの日本文化に対する信頼は揺らぐことがなく、それどころか故国を離れることでいっそう純化され、内面化されることになった。

別れぎわにメイはぽつりといった。
「ジョスリーンって、アラビア語はあまり上手ではなかったわ」。

7

ベイルートを発つ日が近くなってきた。だが訪れるべき場所が最後にひとつ残っている。ジョスリーンにとってベイルートでの終《つい》の棲家となった場所である。

家族と絶縁状態になった彼女には、パリに拠点を移して以来、ベイルートに戻るたびに滞在していた部屋があった。ハムラの北にあるブリス通りのアパルトマンである。これまで訪れたところはいずれも市の中央部であったが、ブリス通りはぐっと遠く、西の端の海岸近くにまで延びている通りだ。

ベイルートの街角は、東側から中央部へ、そして西側へと向かうにつれて、たちまち表情を変える。アシュラフィエに代表される東側はキリスト教徒が多く、どちらかといえば洒落たレストランのある商業地が続いていたり、お行儀のいい住宅地だったりする。中央部は先に述べたように境界線上の激戦地であったため、瓦礫を撤去した後に新しく無表情な高層ビルが建てられているか、でなければ空地である。廃墟のままに残されているところも少なくない。要するに人間の匂いがしない殺風景な風景が続いている。ところがさらに進んで西側のイスラム地区に近づくにつれ、しだいに街角が雑然としてきて、アラブ的な賑わいを見せるようになる。西側の中心地ハムラはつねに人でごった返していて、まるで新宿の歌舞伎町を歩いているような気がしてくる。道路の両脇にはびっしりと車が駐車し、ひどく狭くなった大通りは、ひっきりなしに到来する車やバスで渋滞している。茫然としていると汚れた服の子供がやって来て、小銭をせがむ。街角にはところどころに女乞食が蹲《うずくま》っていて、誰もが幼子を連れている。食堂はもちろんのこと、雑貨屋もお菓子屋も通行人の目を惹《ひ》こうとして呼び込みに忙しい。いかにも中東の街角といった雰囲気である。

この盛り場ハムラをなんとか通り抜け、ようやく人通りが閑散としたところに出たと思うと、そこがブリス通りだった。アメリカン大学に沿った通りなので、小さな書店や画廊がいくつかあり、学生街といえなくもない。ブリス通りを西に向かって歩いて行くと、最後には海岸に出てしまう。午後も遅くなっていたので熱気こそ去っていたが、海に沈もうとする夕陽が眩しく、後方を振り返ると道路に自分の影が長く伸びているのがわかった。

ジョスリーンのアパルトマンはブリス通りがまさに終わろうとする左側にあった。周囲の建物がみな新しく高層ななかで、その狭間にあって、ひとつだけ両大戦間に建てられたと思しき、五階建ての建物だった。彼女はその最上階に居を定めていたはずだ。建物を見つけ出すのに苦労はいらなかった。生前に彼女から、もしベイルートに行くことがあったらぜひ使ってくれといわれ、診療所の看板が出ているところだからと教えられていたからである。わたしはそれから最後の日のころ、彼女が口にした別の提案のことも思い出した。アパルトマンを引き払いたいから、残務手続きのためにベイルートまで行ってくれないかとまで依頼されたのだった。なるほど、彼女が説明したとおりだった。古びたビルの入口には、これも大分傷んではいたが、「ドクター・マフムード・フサム、ホームドクター専門、ＡＵＢ卒」という看板が掲げられていた。

入口に設けられた郵便受けはすべて封印されていた。奥まで進むと、黒い格子のついた旧式のエレヴェイターがある。だがどうやら壊れているらしく、ボタンを押しても機械が作動する気配はいっこうにない。わたしは五階まで階段を上った。踊り場ごとに大きな窓があるのだが、すべてガラスがなくなり、開いたままになっている。人が住んでいるという気配がまったくない。ひょっとしてこの建物も廃墟と化したのではないかと思ったが、四階まで上った時、扉にドクターの診療室の表札がかかっているのを見た。彼は今でもここで孤独に診察をしているのだろう。

ジョスリーンは死の半年前と二か月前、メイの撮影のためにベイルートに短期間滞在している。彼女ははたしてこのアパルトマンに宿泊していたのだろうか。骨髄腫が進行して、背骨をセメントで補強しなければならない重病人が、五階までの階段を歩いて上ったとはとうてい考えられない。いや、エレヴェイターが故障したのは彼女の死後、つい最近のことにすぎないのかもしれない。いずれにせよ、五階まで行くのは彼女しかいなかったはずだ。

予想していたことだが、五階の扉は閉まっていた。その前に小さな椅子とイーゼルが置かれ、フェルメールの複製が掛けられている。きっとジョスリーンがこの画家を好きだと知っている誰かが、彼女の死後に設《しつら》えたのだろう。部屋のなかはどうなっているのだろうか。彼女が死んでしまった時点で賃貸契約が解除され、遺品はすべて処分されたのだろうか。それとも世間からすっかり忘れ去られてしまい、住む人とてないアパルトマンのことだ。案外、彼女の生前のままに放

ブリス通りにあるアパルトマン

置されているのではないだろうか。わたしはジョスリーンが晩年に熱中していたインスタレーションをはじめとする美術作品の現物を、間近で見たことがない。もしこの扉の向こうに彼女が手掛けた作品が、手掛けたままに置かれているのだとしたらと考えてみた。だがこればかりはどうにも仕方のないことである。わたしは閉じられた扉とフェルメールだけを見ると、人気のない階段を降りて行かなければならなかった。踊り場の開け放たれた窓の向こうには、サウジアラビア大使館と軍の施設が見えた。

　こんな倹《つま》しい住居だったんだというのが、わたしの抱いた感想だった。パリのサン＝ジェルマン大通りに面した、広々としたアパルトマンを知っているわたしには、それはいくぶん意外に感じられた。とはいえ、死に瀕していても自分の写真集を出版する費用を捻出できないでいたほど経済的に追い詰められていた彼女にとって、ときたま立ち寄ることしかないベイルートの部屋などに贅を凝らすことはなかったということなのだろうか。いずれにしても祖父の代からの邸宅が焼け崩れて以来、彼女の内面でベイルートが崩壊してしまったことは事実だった。住む場所などもうどうでもいいのだという気持ちが働いていたのかもしれない。わたしはさらに想像した。市街地図を広げるならば、このアパルトマンとは逆方向、市の東の端にあるキリスト教地区、マル・ミカエルにあまたある教会のどれかで行なわれた彼女の葬儀には、いったいどのような人たちが参列したのだろう。ヴィザ・インターナショナルの元理事であった従兄をはじめとするサアブ家の銀行家の面々は、そこに姿を見せたのだろうか。それから彼女の九三歳になる母親は……。

人気のないアパルトマンを出ると、今まさに夕陽が沈もうとしているところだった。わたしはそのまま坂を下り、海岸に沿ってしばらく歩くとカフェ・ラウダに入った。一階には何組かの客がいて、水煙草を吸っていた。おそらくジョスリーンも夕陽を眺めるために、同じ道を歩いて、このカフェをしばしば訪れたのだろう。

水平線には少し雲が出ていたが、空全体がうっすらとした炎に包まれているかのように、赤く映えていた。わたしは地中海の一番東の端にいて、古代世界の舞台となった全体をそこから眺めているような気がした。ジョスリーンの遠い先祖はここから出帆《しゅっぱん》し、考案されたばかりのアルファベットを駆使しながら、カルタゴという植民都市を建設したのだ。

海と空の色は微妙な階梯《かいてい》を辿りながら、暗冥の度合いをしだいに増してゆく。わたしのいるところに到達するのは、ただ暗黒のなかに微かに白く見える波の音ばかりだ。

この海を、この空の炎を、この波と風を、ジョスリーンは眺めていたのだ。彼岸は静寂に満ちている。そう思うと、彼女が地中海に散骨をしてほしいといい残したことが、そのままに字義どおりに理解された。もういいんだ。わたしは呟いた。太陽の落ちたこの海を目にしたのだから、もう自分はここを立ち去っていいんだと、わたしは自分にいい聞かせた。

現在のカフェ・ラウダ

後記

本書は少なからぬ曲折を経て完成した書物である。経緯を簡単に述べておきたい。

最初わたしが構想していたのは、パリを舞台とする幻想的短篇小説の連作であった。その一篇は、パリを拠点に世界中を駆けめぐってドキュメンタリーを撮り続けるジョスリーン・サアブをモデルに、彼女が語る故郷ベイルートの、摩訶不思議な思い出話を基軸にしたものであった。

半ば書き上げたところで状況が変わった。ジョスリーンは発病し、余命いくばくもない身だと医師に宣言された。わたしは幻想小説をひとまず措いて、パリ滞在の残りの時間を彼女のドキュメンタリー制作に協力することに決めた。ジョスリーンは自分の最後の作品は母親と娘の和解についてのものになるだろうと宣言し、いくたびかの試行錯誤の後、彼女は元日本赤軍最高幹部、重信房子とその娘メイの肖像を描きたいと提案した。わたしはただちに重信房子とメイに連絡をとった。二人はそれぞれ獄中とベイルートから、ジョスリーンの試みに対し理解を示し、協力を惜しまないと便りをくれた。以後、わたしは東京とパリを往復することになった。情熱を呼び覚ますのは、つねに別のところにある情熱である。

　わたしは東京でジョスリーンの急逝を知らされた。大きな悲しみにしばらくは茫然としたが、自分が方向を変えなければならないと知った。日本では無名の、このアラブの女性監督のフィルムを、これからは機会あるたびに紹介上映していかなければいけない。これまでに書いた小説を破棄し、自分が知りえたかぎりでの彼女の姿を、あるがまま文章として遺しておこう。ジョスリーンが死の直前、わずか七分ではあるとはいえ遺作の短編を撮り終えていたことが執筆の道標となった。こうして本書の前半部分、「ジョスリーン」が書き上げられた。

　人物関係における煩雑を避けるため、あえて単純な記述を選んだところがないわけではない。とはいえ「ジョスリーン」は本来的にノンフィクションである。語られたことはすべて事実に基づいている。彼女の伝記的事実については、彼女みずからがフランス語で認《したた》めた回想記に、少なからず助けられるところがあった。きみはいつかわたしのことを書くことになるから読んでおいてほしいと、彼女はいった。未完に終わったこの原稿がいつかパリで刊行されることを、わたしは願ってやまない。

「ジョスリーン」を書き終えてしばらくして、わたしは一五年ぶりにベイルートへ向かった。若き日にジョスリーンが過ごした場所を、一つひとつ自分の眼で確かめておきたいというのが、旅の動機だった。その結果、彼女が大銀行家の家に生を享け、名家の束縛から逃れるかのようにパリに渡り映像作家の道に進んだことを知った。それは彼女が生前、けっして口にしなかったことだった。またわたしは重信メイに再会し、彼女の口から、わたしの知らなかったジョスリーンを知らされることになった。本書の後半、「ベイルート」で語られているのは、この旅の記録である。「ベイルート」にはジョスリーンがかつて住んでいた場所の写真を挿入した。アレンビー通りとアブデルカデル通りは相続く戦争で破壊され、昔日の面影はない。写真はすべてわたしが個人的に撮影したものである。ひとつだけ例外がある。ジョスリーンの祖父の邸宅の前景だ。これはレバノンの映画監督、マルーン・バグダーディのフィルム『ベイルート、ベイルート』より採った。彼は一九七二年の夏、サアブ家の面々が山荘に避暑にいっている間、アブデルカデル通りにある邸宅を借りて撮影をした。その後焼失してしまう建築の映像が、はからずも映画の舞台という形で残されることになったのである。

ジョスリーンが何に対して闘ったのか。本書を書き終えたわたしは、今ならそれを明言することができる。彼女が敵としていたのはイスラエルのシオニストでもなければ、エジプトやモロッコの官憲でもなかった。いわんや年老いて萎んでしまった彼女の母親でもなかった。ジョスリーンが生涯をかけて抗ったのは記憶の消滅、すなわち忘却であった。

本書では、ジョスリーン・サアブの映画作品については挿話的に言及されているだけで、体系的分析が記されているわけではない。映画誌家としての四方田犬彦のサアブ論に関しては、『映画の領分』（岩波書店、二〇一〇）、*The Films of Jocelyne Saab: Films, Artworks and Cultural Events for the Arab World*, eds. Mathilde Rouxel and Stefanie Van de Peer, Edinburgh University Press, 2021 に収録された Yomota Inuhiko, 'A Mother and Daughter Reunion: How Jocelyne Saab Shot her Last Documentary,

My Name is Mei Shigenobu’をお読みいただきたいと思う。

本書を執筆するにあたって参考とした若干の文献について、感謝の気持ちを添えて記しておきたい。重信末夫、房子、メイについては、重信房子『りんごの木の下であなたを産もうと決めた』（幻冬舎、二〇〇一）、ならびに大谷恭子によるその「解説」、由井りょう子『重信房子がいた時代』（世界書院、二〇一一）に多くを教えられた。本書で引用した重信房子の短歌はすべて、歌集『ジャスミンを銃口に』（幻冬舎、二〇〇五）に収録されている。

この後記を執筆しているのは二〇二二年三月である。すべての原稿を書き上げてからほぼ二年半の歳月が経過している。その間、ベイルートでは港湾地域で大爆発が生じ、多くの死傷者が出た。東京にいるわたしは、なぜこの都だけがいつも酷い目に遭うのかと傷ましい気持ちを抱きながら事故の経緯を見つめていた。

本書の刊行と相前後して重信房子氏は懲役二〇年の刑期を終え、出獄の予定である。ジョスリーンが生きて彼女と相見《あいまみ》えることができなかったことを、わたしは残念に思っている。

出版に際しては、河出書房新社の岩本太一氏に感謝の意を表したい。

二〇二二年三月

著者記す

四方田犬彦（よもた・いぬひこ）

一九五三年、大阪府箕面市生まれ。東京大学で宗教学を、同大学院で比較文学を学ぶ。エッセイスト、批評家、詩人。文学・映画・漫画を中心に、多岐にわたる文化現象を論じる。明治学院大学、コロンビア大学、ボローニャ大学、テルアヴィヴ大学、中央大学校（ソウル）、国立清華大学（台湾）などで、映画史と日本文化論の教鞭をとった。九三年『月島物語』で斎藤緑雨賞、九八年『映画史への招待』でサントリー学芸賞、二〇〇〇年『モロッコ流謫』で伊藤整文学賞と講談社エッセイ賞、〇二年『ソウルの風景――記憶と変貌』で日本エッセイスト・クラブ賞、〇八年『翻訳と雑神』『日本のマラーノ文学』で桑原武夫学芸賞、一四年『ルイス・ブニュエル』で芸術選奨文部科学大臣賞、一九年『詩の約束』で鮎川信夫賞を受賞。著書に『見ることの塩――パレスチナ・セルビア紀行』『犬たちの肖像』『無明内田吐夢』『聖者のレッスン――東京大学映画講義』『われらが〈無意識〉なる韓国』、詩集『人生の乞食』『わが煉獄』『離火』、訳書『パゾリーニ詩集』、小説『夏の速度』『すべての鳥を放つ』『戒厳』など。

＊本書は書き下ろしです。

さらば、ベイルート　ジョスリーンは何と闘ったのか

二〇二二年五月二〇日　初版印刷
二〇二二年五月三〇日　初版発行

著　者　四方田犬彦
発行者　小野寺優
発行所　株式会社河出書房新社
〒一五一－〇〇五一
東京都渋谷区千駄ヶ谷二－三二－二
電話〇三－三四〇四－一二〇一（営業）
〇三－三四〇四－八六一一（編集）
https://www.kawade.co.jp/

組　版　佐々木暁
印刷・製本　三松堂株式会社

Printed in Japan　ISBN978-4-309-03039-5
落丁本・乱丁本はお取り替えいたします。

［河出書房新社］
四方田犬彦の本

聖者のレッスン　東京大学映画講義

古今東西、一九世紀から現在まで、映画に描かれた聖者を辿ることで映画史を書き換え、あふれるような知と閃きから人間と信仰を根底から問い直す空前の映画講義。四方田映画学の集大成。

無明　内田吐夢

内田吐夢の映画の深く暗い力はどこから来たのか——日本映画史上最大の巨匠のひとりでありながら正面から論じられてこなかった監督の軌跡と作品、その核心にはじめて挑む記念碑的な力編。

ニューヨークより不思議（河出文庫）

一九八七年と二〇一五年、二七年の時を経たニューヨークへの旅。どこにも帰属できない者たちが集まる都市の歓喜と幻滅。みずみずしさと情動にあふれた文体でつづる長篇エッセイ。